Antonio Garrido Hernández

Jorismós

Filosofía ingenua

A la realidad, tan sutil, evanescente, fugitiva y euforizante a la vez, como los sueños de un adolescente.

Serie Filosofía Ingenua:

1. Metafísica Banal
2. **Jorismós**
3. Las tres gracias
4. Cuentos

Estos cuatro libros fueron concebidos como uno solo, pensados cinco años y escritos en uno. Su extensión inicial hizo conveniente la división. Por eso las fechas que figuran al final de sus epílogos son las fechas de la revisión asociada a las tareas de fraccionamiento coherente. Lo que se aclara porque su proximidad puede confundir al lector haciéndole pensar en una milagrosa y prolífica capacidad que el autor no tiene.

Grietas

La verdad es que
grietas
no faltan
así al pasar recuerdo
las que separan a zurdos y diestros
a pequineses y moscovitas
a présbites y miopes
a gendarmes y prostitutas
a optimistas y abstemios
a sacerdotes y aduaneros
a exorcistas y maricones
a baratos e insobornables
a hijos pródigos y detectives
a Borges y Sábato
a mayúsculas y minúsculas
a pirotécnicos y bomberos
a mujeres y feministas
a acuarianos y taurinos
a profilácticos y revolucionarios
a vírgenes e impotentes
a agnósticos y monaguillos
a inmortales y suicidas
a franceses y no franceses
a corto o a larguísimo plazo

todas son sin embargo
remediables
hay una sola grieta
decididamente profunda
y es la que media entre la maravilla del hombre
y los desmaravilladores
aún es posible saltar de uno a otro borde
pero cuidado
aquí estamos todos
ustedes y nosotros
para ahondarla
señoras y señores
a elegir
a elegir de qué lado
ponen el pie.

(*Grietas*, Mario Benedetti)

Índice

Tabla de contenido

Prólogo

Este libro se inserta en un proyecto más ambicioso que he llamado *Filosofía Ingenua*. Es el segundo tras el llamado *Metafísica Banal,* que fue un intento de encontrar un sentido general a lo que sabemos, desbordando lo que podemos demostrar, pero cerrando la cúpula del conocimiento posible con conjeturas destinadas a la caducidad por exposición a mejores ideas.

Este segundo libro se dedica a caracterizar la multiplicidad de la realidad que no se presenta monolítica, sino fracturada. Fracturas que se despliegan transversalmente a las diferencias entre sus estratos: energía, materia inerte, vida y conciencia, que se incluyen unos a otros. Estratos energético-materiales en todas sus dimensiones, aunque, con cierto despiste, se ha insistido en creer en la existencia de espíritus descarnados. Lo que tiene origen en la silenciosa forma que toman nuestros pensamientos y algunos de sus resultados en forma de sólidas verdades ahistóricas, cuyo origen no es celestial, sino corporal. La realidad tecnológica actual nos da sobradas pruebas de la materialidad de lo intangible y, más allá, de los invisible —véanse los mandos a distancia. Una novedad asombrosa que, quizá tiene sus "antecedentes" en el poder de la mirada de reproche de un padre a la acción de un hijo pequeño —los hijos adultos no son sensibles a estas radiaciones paternas.

Hemos identificado tres grandes grietas (como las denomina la intuición de Mario Benedetti), que derivan en una cuarta por emergencia de una de ellas (la moral) que llamamos jorismós político y se complementa con la grieta más paradójica: el sexo. Las tres grietas son el jorismós, cognitivo, moral y estético. El moral está asociado con un racimo de separaciones menos profundas ontológicamente, pero muy perturbadores en la vida cotidiana, como el jorismós fidelista o el racimo formado por el jorismós ético (del individuo) y el jorismós legal (punitivo), que junto con el jorismós principal o moral forman la familia de jorismós normativo.

Estas grietas no se refieren, como sugiere el poema de Mario Benedetti a la que se puede presentar entre opuestos. Pues éstos son dos caras de una misma cosa en la que convergen como dos de sus rasgos. Así, la hipocresía y la sinceridad son dos grados de la externalidad de los pensamientos; la miseria y la generosidad dos grados del desprendimiento; la estupidez y la inteligencia dos grados de conocimiento de la realidad. El bien y mal son dos grados de la adecuación de la conducta a las necesidades de la vida.

El jorismós cognitivo se produce por nuestra estructura racional de base, que comienza en el proceso de percepción mediante los sentidos, pero es afinado por la razón. El jorismós normativo se plantea en el marco del conflicto entre lo que es y lo que creemos que debe ser, pero en el caso del jorismós moral, hunde sus raíces en la estructura más profunda de la realidad encontrando dos posturas valorativas irreconciliables *prima facie*. El jorismós estético viene a dar cuenta de cómo nos relacionamos con la naturaleza y la realidad artística que hemos creado por la asombrosa capacidad de convertir el mundo material y sus acontecimientos en cualquier cosa que nos produzca placer sensual e intelectual, cualquier cosa que alimente la creatividad y su más exquisito producto: la esperanza. Un jorismós encabezado por la decisión estética fundamental: la aceptación global de la vida como una gema refulgente pero finita o la degradación de la vida a la condición de tránsito hacia una eternidad beatífica.

El jorismós político, decía, es la expresión del jorismós moral en la acción práctica de actuar en la espesa atmósfera de lucha por decidir como conducir los asuntos humanos. Una espesura de la que surge un fatalismo que, paradójicamente, es la puerta a la esperanza. El fatalismo de descubrir que este jorismós, este abismo entre dos grandes posiciones políticas es indisoluble, pero va asociado a la esperanza de que, si se acepta, se habrá dado el primer paso para encontrar un camino para salir de tanta desesperante lucha por el poder.

No practico el naturalismo, si por él se entiende que mente y cerebro es la misma cosa… No practico el materialismo, si por él se entiende que la materia es el arjé de la realidad… No practico el idealismo, si por él se entiende que el espíritu no necesita a su cuerpo.

Todas nuestras experiencias más sublimes lo son en la palpitante humedad de nuestros órganos, que son capaces de hacernos sentir desde las más groseras sensaciones a los más deliciosos placeres y las más sutiles ideas. Unas características que debemos agradecer a nuestro cuerpo, en vez de pretender vivir sin él... Prueben a hacerlo y verán que desagradable sorpresa.

Este libro se llama "Jorismós" y eso hay que justificarlo. Esta bella palabra griega, "Jorismós" (χωρισμός) que significa "separación" y que yo dramatizo hasta darle el significado de "abismo", es una palabra que se emplea como hilo de Ariadna en este libro. Un libro en el que se hace la descripción de los barrancos ontológicos que nos impiden el descanso y la armonía anhelada por el ser humano. El carácter trágico de la vida surge, primero de la existencia de esas simas y, después, del desconocimiento que tenemos de ellas y de las consecuencias de tal ignorancia. Desconocer su naturaleza irreversible es el primer paso para sufrir sus consecuencias de forma cíclica cuando la experiencia acumulada es olvidada por las sucesivas generaciones.

Jorismós se llamó, primeramente, al abismo que Platón estableció entre las ideas y la vida de sombras en la caverna de su célebre mito. Fue cerrado por Aristóteles al establecer que se pensara la forma unida a la materia y viceversa, pero todavía Plotino intentó cerrarlo de forma metafísica con su propuesta de emanación, al modo de la lava de un volcán. Un intento vano, pues el jorismós original, paradójicamente, no existe. Las ideas son hijas de las mentes, aunque luego reclamen vivir en una realidad material fuera del alcance de la frivolidad, de la charlatanería, de la *doxa*. Cerrado ese falso jorismós entre un mundo en-sí y un mundo de apariencias, la realidad se cose por ese descosido artificial, pero se agrieta de nuevo ante nuestros ojos por razones más serias y difíciles de revertir.

Pulsiones

La mente humana es atravesada por las pulsiones, por corrientes que la condiciona procedentes de los sótanos de la naturaleza humana. Una pulsión es una fuerza que actúa en la realidad como un constituyente esencial. Son principios de realidad que constituyen al ser humano, aunque su origen está, probablemente en la propia estructura de la realidad. Como ya hemos dicho en otra parte, la primera es la espinosiana conservación del ser. De ella se derivan como instrumentos la pulsión de dominio y la de cooperación, que se abren en un racimo de pulsiones "especializadas" que son ya experimentadas por la mente humana soportada por su cerebro.

Entre las funciones del cerebro son fundamentales las de coordinación y atención. En la mente humana, la coordinación genera la conciencia y la atención la autoconciencia. En la conciencia aparece el resultado de transformar todo lo que le llega como procesos físicos del exterior y del resto del cuerpo en unas específicas experiencias de color, sonido, sabor, olor, tacto, dolor, emociones y sentimientos que constituyen la específica forma de conocer el mundo. Todas estas formas de experiencia están correlacionadas invariantemente con la realidad antes de la "intervención" del observador. Esta versión de la realidad, como dice Donald Hoffman (1955) ha permitido a la especie sobrevivir. Gracias a que el vértigo de los estímulos físicos se transforma en experiencias bien ajustadas a la capacidad de proceso de la mente, es posible una acción eficaz y ha sido posible la resolución de problemas prácticos. Este ajuste hizo posible el dirigir la atención hacia los procesos internos que el crecimiento de la memoria biográfica presentaba ante la conciencia, generando autoconciencia y permitiendo el pensamiento abstracto capaz de encontrar conexiones, primero, y relaciones estructurales, después, en el registro de la experiencia. Capacidad que también proyecta hacia acciones futuras gracias a la prolongación de tendencias observadas y memorizadas y la capacidad de combinar lo conocido para generar lo nuevo. Así memoria e imaginación se suman a la atolondrada pero excitante intuición inmediata de la realidad que las nutre.

Entre las fuerzas que la realidad impone al ser humano están los impulsos que lo mueven desde la profundidad de su condición específica (de especie). Impulsos que, en la acción y pasión cotidianas, las estructuras del cuerpo traducen en emociones, dolores, placeres y sentimientos. Emociones como respuestas físicas del cuerpo que experimentamos inevitablemente como sobresaltos para movernos a la acción o a la pasión en la versión que nuestra mente nos ofrece de su activación por causas reales o imaginadas. Sentimientos como estados holísticos de bienestar o malestar que resultan del examen de las emociones provocadas por nuestros recuerdos, nuestra acción o nuestras esperanzas. Nietzsche pensó que el impulso de compasión era una imposición de los débiles a los fuertes —esa absurda dicotomía que lo llevó a odiar a la democracia.

El impulso primario que se nos imponen indefectiblemente como mandato más potente es el de **permanencia en el ser —Voluntad de ser.** Con esta afirmación me gano la enemiga de Nietzsche, nada menos. Él situó el principio de todo en la voluntad de poder, es decir en la necesidad de todo ser de desplegar sus posibilidades contra toda resistencia. Voluntad ésta que, a mi, me parece instrumental, primera en presentarse ante la conciencia, pero secundaria en relación con la primaria voluntad de ser. Es decir, un impulso auxiliar para la conservación del ser. Pero un elemento auxiliar que, como todos los derivados de la permanencia en el ser, tienen efectos sinérgicos. Queriendo permanecer en el ser, no adoptamos una postura pasiva y decadente, sino que nos defendemos atacando, porque la intensa e incesante corriente de mutación del ser no permite descanso alguno. Un ataque que, cuando del individuo se trata, se convierte en acciones poderosas de transformación y de dominio ($\varphi\iota\lambda o\delta o\xi\acute{\iota}\alpha$) Y que, cuando de la conservación de la especie se trata, se traduce en instinto de compartir con los demás, en cooperación ($\sigma\upsilon\nu\varepsilon\rho\gamma\acute{\iota}\alpha$)

Nietzsche al hacer prevalecer la voluntad de poder, en su versión menor de dominio y, con ella, a su protagonista el *Übermensch*, eligió una posición asimétrica que dejaba coja a la humanidad, ordenando la prevalencia de aquella parte de la humanidad en la que emergía con fuerza la voluntad de poder directamente o por sometimiento voluntario. Una situación que la historia permite juzgar como castradora del conocimiento y generadora de sufrimiento paralizante de toda la humanidad. El dominio del amo, del "señor" es el dominio de la estulticia de la espada ante el poder generador de posibilidades de la razón, que reside en quien no está atravesado por la necesidad de dominio, sino que utiliza otros impulsos para su acción, como el conocimiento, la cooperación como sinergia y su correlato la compasión, que son denunciados como atributo de "débiles" y "resentidos". Un enfrentamiento que ya teorizó, desde otro punto de vista, Hegel en su *Fenomenología del Espíritu* .

Unas posibilidades que convierten la voluntad de ser en una fuerza equilibrada, en la que tanto juega un papel esencial el individualismo brutal que admira Nietzsche como la moral compasiva que odia. No advierte el filósofo que es de esta "astucia" de la realidad de la que proceden todos los demás impulsos secundarios, pues así la naturaleza con un principio conservador impulsa a la acción transformadora, dado el carácter esencialmente dinámico de la realidad que impide que la vida confunda conservación con parálisis. *Para conservar el ser "hay que cambiar"*. Sólo el cambio, la creación permite la conservación. No hay resignación aquí, sino exploración y mutación. En cada rincón de la realidad reina el principio de permanencia en el ser, que es una huida de la nada. De ahí nuestra profunda e inevitable depresión ante la inminencia de la muerte que no ha sido aceptada con la misma naturalidad que cuando es la de los extraños. Ese cambio no puede ser asimétrico, pues el cambio sería imposible por rotación. La acción simultánea del dominio y la cooperación es lo que creó los estratos de la realidad. Una acción simultánea teorizada en el libro *Metafísica Banal*.

Decía Spinoza: *"conservarnos es nuestra esencia, este es el primero y único fundamento de la virtud"*. Este impulso básico se canaliza en el hombre en forma de impulsos derivados al difundirse por el cuerpo mentalizado de nuestra especie, unos impulsos que convierten la apariencia de principio conservador que evoca el sintagma "permanencia en el ser" en pura acción. Conservar el ser es, por tanto, , transformar. Pues no es posible la conservación del ser sin acción en una realidad compulsivamente mutante. En esa acción la naturaleza muestra su paradójica capacidad de extraer acción de un impulso aparentemente pasivo. Es como mantener la propia estructura estando en medio de una corriente incesante de estructuras que tratan de disolverte. Claramente, en esas circunstancias, permanecer en el ser es defenderse y atacar, es decir, separar, pero también cooperar, unir. Por lo que el impulso de dominio se muestra como una estrategia de conservación complementaria del impulso de cooperación. Una estrategia siempre en riesgo pues el azar amenaza la conservación desde fuera del organismo en cuestión de forma incesante. Lo que parece indicar que no hay leyes eternas. Pero, un azar persistente ya es una ley. A lo que se añade la continuidad de las formas que toma la energía constituyendo los entes, que son siempre provisionales, pero con una duración media de las distintas estructuras ónticas que hace pensar en que cada estrato tiene leyes sobrevenidas que condicionan el ejercicio del azar, aunque puedan desaparecer con el estrato en cuestión (mineral, vital, animal o antrópico). Leyes de quita y pon, que, sin embargo, están accesible a la labor descriptiva de la ciencia. Una ciencia que, poco a poco, ley a ley, causa a causa va trazando un mapa de la realidad que nos concierne. Negarlo no sólo es renunciar a los retazos de realidad que se nos presentan, sino, además, es imprudente. Como es prudente, pero no práctico, entender la causalidad como el cambio de un ente por la acción de el *resto* de la realidad.

Los textos de Nietzsche están trufados de aforismos explícitos sobre la aplicación de tal voluntad a la creación de una aristocracia basada en la crueldad y el exterminio, por mucho que se suavice ignorándolos o convirtiéndolas en metáforas. Una especie de repugnancia por la masa humana, que tuvo su eco en nuestro Ortega poco después, a la que llama rebaño y lo lleva despreciar la democracia y las formas política cooperadoras como el socialismo. Supongo que en la socialdemocracia estará su némesis al reunirse democracia y socialismo. Incluso en la definición débil del superhombre alienta un individualismo feroz que ignora la condición social del hombre en todas sus dimensiones. Es una consecuencia inmediata de su ontología del poder que tiene el lado positivo de la realización personal y el negativo del aislamiento que le lleva a proponer un estado mínimo, tal y como el anarcoliberalismo que Robert Nozick propone. Dicho esto, es necesario reconocer la potencia del diagnóstico de Nietzsche sobre la moral y su atrevida y precursora tesis sobre el decisivo papel del cuerpo en la explicación de nuestra naturaleza espiritual. Dos versiones de Nietzsche que no pueden ser negadas. Su error reside en haber puesto sus huevos filosóficos en una única cesta: la del poder. Un desequilibrio que tenía que invalidar las derivadas políticas de su pensamiento. Era inevitable que algunos aprovecharan para arrimar esa enorme ascua a su sardina. Pero nada de esto debe ensombrecer sus enormes intuiciones sobre el lenguaje, la moral o el destino unido de Europa.

Nietzsche era un redomado elitista y no veo la necesidad de enervarlo para que toda su filosofía se urbanice. Nietzsche ha hecho un gran servicio a la filosofía con su diagnóstico sobre la debilidad de la metafísica, entendida como creencia en lo inmutable, pero tras el diagnóstico llegaron unas fórmulas de aplicación deplorables. Creo que su trabajo de demolición de certezas metafísicas no pierde un ápice de su valor, aunque se reconozca sus desvaríos en relación con la política o la mujer, pongamos por caso. Y no vale aguar sus consideraciones sobre la democracia o excusarlo considerando que sus invectivas contra la mujer se refieren a la mujer de su tiempo. Alguien con tan acerada capacidad de descubrir lo que de convencional había en las creencias, no debería habérsele escapado que muchas de las conductas que observaba en la mujer eran consecuencia de su posición en una sociedad eminentemente machista. Y menos cuando ya emergían con fuerza los movimientos sufragistas.

Si Nietzsche hubiera aceptado el *dictum* de Spinoza no habría sufrido estos equívocos. El impulso originario del ser, desde la energía a cualquier institución social es el de conservación. Lo que se le escapó a Nietzsche es que la conservación no puede ser estática, pasiva, a la contra, en un mundo incesantemente dinámico que crea un flujo de cambio que afecta de forma estructurada a todas las formas de ser. De tal manera que es una conservación del ser en el vértigo de su origen energético que obliga a una tensión permanente consigo mismo y con el entorno lo que Nietzsche confundió con la voluntad de poder. Tanto en el sentido de *dinamys*, como de *energeia* o entelequia, como nos advierte Heidegger, la voluntad de ser es la que da estructura a los distintos seres, con especial complejidad en el ser humano. Nietzsche cree que esa fuerza que nos empuja a permanecer en el ser mientras somos arrastrados por el dinamismo de la realidad es voluntad de poder, cuando "solamente" es voluntad de ser. Un ser, por otra parte, cambiante, mutante cuya permanencia es siempre un espejismo pues está sumergida en un río heraclitiano. Una voluntad de ser que nos impulsa a acumular para crear márgenes de seguridad, a procrear y a ser recordados, la otra forma de seguir siendo. Por eso, no es extraño que haya sido interpretada como voluntad de poder. Cierto es que la expresión "voluntad de ser" tiene un cariz conservador que no tiene el de "voluntad de poder", que se nos aparece como un rugir primigenio que invita a ir más allá sin limitaciones.

Esta visión positiva de la voluntad no debería avergonzar a sus partidarios cuando se transforma en crueldad, ambición, dominio sin misericordia con los débiles. Sin embargo, la voluntad de permanencia en el ser pierde inmediatamente sus rasgos conservadores en cuanto se la entiende en tensión permanente con el dinamismo de la realidad generadora de entes. Esta voluntad, al contrario que la de poder, admite pacto y transacción sin violencia cuando se reconoce en el otro. La voluntad de poder, por el contrario, no admite pausa ni tregua, ni compasión; se ejerce sin pedir explicaciones. Es claramente una patología de la voluntad de ser, que el mundo moderno todavía está tratando de contener en sus "superhombres" más conspicuos y peligrosos. Es decir, hay formas patológicas de la voluntad de ser y algunas inspiraron la voluntad de poder. Nietzsche nos dotó de herramientas potentes para destruir los valores convencionales, pero, obviamente hemos caído, al faltar el apoyo, sobre nosotros mismos. Ahora se trata de interpretar nuestra percepción de lo que el ser humano sea y pueda ser.

La voluntad de poder es confundida con el todo cuando es una parte de un principio más básico: la voluntad de ser. Esa metonimia errónea crea un monstruo de la misma peligrosidad que la pretensión de Marx de que prevaleciera solamente la voluntad de cooperación. Ni el despreciado rebaño de Nietzsche ni el odiado capitalista de Marx dan una visión equilibrada del mundo, ni describen bien que ambas fuerzas son aspectos de una más básica: la voluntad de ser generada en la finitud de los entes surgidos de la acción que todo lo llena. Marx cree identificar un abismo entre las clases sociales paradigmáticas de "burgués" y "proletario" que el recuento de la más elemental elección democrática desmonta al dividirse el electorado en dos mitades difícilmente explicables con esas categorías. Una división paritaria que hace sospechar de que muchos millones de proletarios votan a los burgueses y bastantes "burgueses" votan por las opciones "proletarias". Lo que debería hacernos pensar que la explicación está en otra parte.

La plenitud de la vida, el goce de la vida en salud invita a la acción. Una acción que es ponerse en armonía con el devenir general de la realidad. Cuando estamos saludables conectamos con la vida de forma gozosa, sentimos el aire en la cara porque adquirimos la velocidad de cambio que es nuestra naturaleza. El principio de conservación del ser, la voluntad de ser se expresa en actividad, en cambio. Pero ¿cambio hacia dónde? Al servicio de la vida. Pero si seguimos la estela que la vida ha transitado hasta ahora, servir a la vida es crear "tejido" por encima nuestra: esto es, crear socie- dad. Pero dado que la sociedad pierde pie si no está constituida por individuos en plenitud, es necesa- rio crear un tipo de tejido social en el que el indi- viduo sea libre en su concurso a la actividad total. Ningún experimento ha sido capaz de activar las dos fuerzas de forma coordinada. Ahí está el reto. Naturalmente la contingencia estructural puede llevarnos a la descomposición social si alguna de las dos pulsiones prevalece, como ha demostrado la historia con rudeza cuando surgen desequilibrios colectivistas o individualistas, que al exagerar una de las pulsiones necesita activar la otra para no caer, lo que hará siempre con métodos coactivos. El caso de la China actual activando el individualismo en el marco de una concepción colectivista es paradigmático. Como lo fue la América capitalista generando formas cooperativas como los sindicatos o los partidos con programa sociales. En ambos casos se muestra la acción de fondo de la necesidad de permanecer en el ser de estas grandes estructuras socioeconómicas.

El impulso originario de conservación se difracta en los organismos y toma forma en dos grandes acciones: la conservación del individuo y la de la especie. Acciones que están en conflicto originario y fundamentan el jorismós moral y su derivado: el dramático jorismós político. Unas pulsiones que residen en los cuerpos de los individuos fundando sus actitudes personales y políticas esenciales en función del grado de afectación. Una división a cuyos polos hemos llamado *filautes* y *koinitas*. Dos formas de ser por *encargo* natural que se presentan en todos los grados que van desde las posiciones extremas a las más tibias que se observan en los comportamientos reales:

A.- DEL INDIVIDUO (DOMINIO)

1. **Deseo sexual**
2. **Placeres sensuales**
3. **Ser temido, admirado, amado**
4. **Poseer**
5. **Libertad individual**
6. **Conocimiento individual**

B.- DEL GRUPO (COOPERACIÓN)

1. **Necesidad de reproducción**
2. **Placeres intelectuales**
3. **Temer, admirar, amar**
4. **Compartir**
5. **Libertad colectiva**
6. **Conocimiento colectivo**

Un fundamento ontológico de las diferencias morales y políticas de carácter invariante para el ser humano cuyo reconocimiento puede orientar la solución de los inevitables conflictos. Es necesario reconocer el carácter invariante de esta separación para poder afrontar las políticas sinérgicas que aprovechen la energía de ambas tendencias. Son éstas. pues, las pulsiones *derivadas* de las pulsiones *principales* de dominio y cooperación. Todas se expresan en los individuos en grados diversos, pero unas provocan tendencias individualistas y las otras de grupo y al no estar condicionadas en su reparto configuran dos mitades calidoscópicas. Las primeras son las principales fuentes de felicidad fuerte, concreta, generadora de la ebriedad *dionisíaca* y las segundas de felicidad débil, abstracta, difusa, generadora de seguridad *apolínea*. Dicho sea, lo de dionisíaca, en el sentido tardío que le dio su introductor en el *Anticristo*.

La libertad individual se refiere a la que Isaiah Berlin (1909-1997) denominó como negativa y la libertad colectiva como positiva. El impulso sexual es transversal en sus efectos por su nitidez biológica, pero aún así, se suma a todos los demás placeres en su prestación biológica como fuentes de perturbación de la razón, no en un sentido cognitivo, sino como impulso difícilmente irrefrenable por ésta. Por otro lado, gran parte de los conflictos y de las proclamas colectivas más efectivas están presentes aquí, desde el grito de ¡libertad! (5-AB) al de ¡Igualdad! (4B) o ¡Fraternidad! (3B). También está ya presente en esta taxonomía de impulsos la división entre los que priorizan al individuo (A) y los que los hacen con la acción cooperativa (B) que no pueden, ser satisfechos sin la cooperación del otro. Tenemos aquí ya *in nuce* la fuente de los conflictos de los jorismós que vamos a tratar más adelante. Es decir, el impulso, la energía primitiva de la conservación de la vida individual y de la especie se ha polifurcado formalmente en varios impulsos secundarios que identificamos como fuentes de nuestra acción y generadores de emociones y sentimientos. Y que nosotros resumimos en dos para cada grupo: la voluntad de dominio y la de cooperación.

De la acción de estos impulsos se derivan las emociones (en cursiva) y la disposición de nuestra mente en forma de sentimientos:

- **A favor del otro**: amor, admiración, *asombro*, compasión, gratitud, *alegría*.
- **En contra del otro**: indignación, envidia, celos, desprecio, repugnancia, *ira*, odio, vergüenza ajena, egoísmo, venganza
- **Defensa ante amenazas**: *Asco*, *miedo*, terror, dolor.
- **Condena propia**: culpa, vergüenza
- **Estados negativos ante las circunstancias**: Aburrimiento, confusión, ansiedad, nostalgia, *tristeza*,
- **Estados positivos ante las circunstancias:** satisfacción, orgullo, calma, excitación.

Si hay sensaciones placenteras, molestas o dolorosas ¿Cada emoción o sentimiento tiene su sutilmente especial sensación, o teñimos la misma sensación con positividad o negatividad según el caso para nosotros? Toda una paleta de sensaciones modula las emociones y sentimientos tocando el organillo de nuestro cuerpo a base de dosis segregadas por glándulas y respuestas nerviosas igualmente creativas.

Las emociones y los sentimientos son la respuesta de nuestro cuerpo a la interpretación de los estímulos que recibimos. Respuestas sutiles a todos los pliegues de la realidad que el ser humano ha aprendido a reproducir mediante la ficción metafórica que es el arte por el puro placer de experimentarlas sin correr riesgos. También se provoca su aparición corriendo peligros reales por espíritu deportivo. Es una forma un tanto frívola de sentirse vivo tentando a la muerte, pero de la que algunos no pueden escapar. Son muchos los testimonios de la intensidad de los sentimientos experimentados por el individuo, tanto al experimentar el peligro, como por los lazos de camaradería que surgen de vivir en compañía estas emociones —la guerra crea amistades indisolubles, como advirtió Teilhard de Chardin por su experiencia en la Gran Guerra. Son todas ellas muestra de la capacidad del ser humano para transformar en cultura las exigencias de estar vivo. Una condición azarosa que en un espíritu fino es vivida con un vértigo tal que se desea conocer los límites de la vida con la nada (haga lo que hizo Helmut Kiene, el inventor del *puenting* y verá). El origen natural de estas extraordinarias experiencias fenoménicas explica que algunas emociones o sentimientos se puedan reproducir sin causa externa, fictícia o no, si se estimula la emisión de las hormonas correspondientes o son inyectadas directamente en sus formas sintéticas conseguidas por la ciencia. La satisfacción o desagrado que acompañan a las acciones de conservación del ser generan la necesidad de repetición sana o perversa.

Algunos de estos impulsos son observados en los animales, de modo que pueden ser calificados como biológicos. Son impulsos que compartimos con los animales y que dan lugar a conductas confusas en un nivel animal superior, pues se observan algunos casos de curiosidad por artefactos artificiales (conocimiento), de conducta compasiva (moral) y de atracción por colores o sonidos (gusto estético). Son apenas retazos, pero indican que es posible transformar impulsos básicos en otros de mayor rango por cómo dotan de valor a la vida.

Es especialmente relevante que el origen de la pulsión de conocer, ser compasivo y gustar de la belleza tengan también origen en la pulsión más profunda de permanencia en el ser. La necesidad de conocer —lo verdadero—puede estar relacionado biológicamente con la curiosidad que, a su vez, es un pálido proceso de preservación de la vida individual en el animal. En el ser humano, la curiosidad y el conocimiento consiguiente se convierte en una herramienta fundamental para la preservación del ser de la especie que, desde Grecia, se ha transformado, por la vía religiosa, en una fuente de consuelo para algunos ante la inquietud por la conciencia de la muerte que el mismo conocimiento nos trae.

Por otra parte, la fuerte pulsión de ser compasivo y no perjudicar a los semejantes y, por extensión, a la naturaleza misma, parece proceder de la misma pulsión de permanencia en el ser de la especie. Probablemente la conducta cooperativa fue seleccionada en la evolución por su capacidad de preservar la vida frente a la dispersión de los individuos. Cuanto más solidaria fuera una comunidad mejores oportunidades de sobrevivir tendría. Y, de forma monótona, tal parece que el gusto por la salud y la abundancia, o sea, igualmente con la preservación de la vida esté en el origen de lo que, según Hume, llamamos bello por que *"... nos place"*. De modo que un único impulso, que tan explícitamente identificaba Spinoza (1632-1677) en la proposición VI de la Tercera Parte de su *Ética,* es capaz de explicar toda la riqueza de nuestras experiencias sensoriales y espirituales:

> *"Cada cosa, en tanto que es en sí, se esfuerza en perseverar en su ser"*

Se podría decir que el espíritu es la capacidad de reproducir, bajo el control del genio, el placer de experimentar de nuevo los resultados potenciales de la gran transformación que de los flujos externos e internos hace la mente humana. El espíritu sería la toma del control consciente sobre la producción artificial en forma de figuras, sonidos, sabores, olores y experiencias táctiles. También, es capaz de transfigurar la historia en narraciones ficticias que le permite vivir *todas las vidas* en la propia y fantasear con su potencial perfección.

¿Cómo se *trifurca* la pulsión de ser en necesidades tan poderosas como conocer, compadecer y gustar? Porque el propio cuerpo del ser humano tiene tres canales diferenciados por los que esta energía vital puede circular: su razón, su emotividad y su sensibilidad. Razón es aquí un término que engloba todas las capacidades cognitivas, desde la mera adquisición memorística a los razonamientos más complejos. La razón hace posible el impulso de conocer para vivir; la emotividad, por su parte, engloba todas las formas en que el cuerpo reacciona ante los acontecimientos externos o internos. Hace posible el impulso de compadecerse al reconocer en el otro el propio padecer. Y la sensibilidad nombra a todas las formas de recepcionar los estímulos externos o internos, que hace posible el impulso de gustar holísticamente de todo lo que le llega en su frescura natural o en formas sofisticada artificialmente por su propia producción en artes plásticas, sensuales o narrativas. También la sensibilidad nos pone de forma integral directa, intuitiva ante la finitud.

Experiencias que la conciencia percibe confusamente mezcladas en una sinfonía en la que es no es fácil identificar el timbre de cada instrumento.

El disparo de emociones y sentimientos es provocado por estímulos y por acontecimiento, que se diferencian por su grado de contenido en significado, provocando una respuesta emotiva de rechazo o aceptación que llamamos moral o estética según su naturaleza. El estímulo contiene sentido en un grado elemental como avisos para la vida, pero, además, es portador de belleza o fealdad. El estímulo también dispara emociones por sus referencias (recuerdos) a acontecimientos, pero son secundarias ante el hecho de la inmediatez de percibir formas, colores y sonidos, aunque contribuye a la complejidad y placer de la experiencia. Los acontecimientos llevan una gran carga de significado y tienen acceso a nuestra mente preferentemente por los sentidos externos de la vista y el oído. Son ellos los que son portadores de información compleja sobre la situación que la mente debe evaluar. Las fuertes emociones y sentimientos que provocan algunos acontecimientos, que son tan potentes como la culpa o la melancolía, generaron la necesidad de repetición inofensiva en los ejercicios narrativos, que desde Homero han llegado a convertirse para el cuerpo, en su dimensión espiritual, en un alimento tan necesario como el material. Las artes narrativas nos presentan como si fueran novedades los mismos ciclos de amor y desamor en las calidoscópicas formas que toman en cada época y en cada cultura.

El impulso de perseverar en el ser encuentra, pues, satisfacción en la búsqueda racional de soluciones a la vida activa del ser humano; también en la emotividad de la respuesta y el tipo de conducta potencial ante acontecimientos que preservan o amenazan a la especie o al individuo y, finalmente, en la contemplación sensorial o narrativa promisora de fuerza y vitalidad. Vitalidad comprometida por la actitud básica ante la finitud. Un orden de reacción que no es el de ocurrencia, pues primero se recibe el impacto estético y después se produce la reacción del deseo y la razón. Ciclo que repetido en las vidas individuales y colectivas generan la necesidad de repetición provocada.

Estas tres formas de energía vital las conocemos como anhelo de verdad, del bien y de belleza. El hecho de sentirnos y reconocernos tríadicos genera en nosotros el anhelo de unidad. Un poderoso anhelo este último que exige lo que no parece posible: la eliminación de los grandes abismos ontológicos que separan los grandes continentes de nuestro cuerpo. Unos abismos generados en nuestra constitución como resumen complejo que somos de la mayor parte de los procesos de la realidad conocida.

El proceso natural de un cuerpo consiste en recibir la avalancha de estímulos externos y reaccionar con emociones y sentimientos tras la valoración acerca de la compatibilidad de esos estímulos con la conservación de la vida. Esa valoración emotiva tiene como consecuencia la activación de la memoria acumulada de la estructura de la realidad coadyuvante a la constitución evolutiva del cuerpo que llamamos razón o pensamiento en acción. Un pensamiento al servicio de la conservación de la vida en acción que, alcanzada la seguridad, es sublimado en forma de inteligencia abstracta e incluso *separada* formalmente del cuerpo. Una inteligencia que, antes que nada, está al servicio de los sentimientos, pero que es mixtificada cuando pasa el peligro vital.

Así pues, la experiencia originaria es estética. Los sentidos nos ofrecen lo bello y lo feo, lo agradable y lo repugnante, que no adquieren este valor hasta que los sentimientos —el cuerpo— juzga con el criterio de conservación como primer principio. Hecha la valoración moral, se activan las emociones y el pensamiento para dar solución al problema que plantea la vida con una reacción motora o cognitiva. Como se ve, se rinde homenaje a Nietzsche y se invierte el orden de las críticas kantianas: primero el impacto estético, luego la reacción moral y, finalmente, la contribución racional.

Pero los cuerpos asociados, al ser más eficaces, crean situaciones de calma en las que llega el momento de la abstracción de los procesos y de la inversión del orden de ocurrencia. No sólo la razón es descarnada, sino que las sensaciones provocadas por el trajín de vivir crean adicción reclamando ser repetidas sirviéndose del arte y generando así la cultura. Una repetición que provoca el momento estético premeditadamente. Todo un proceso de evocación de experiencias sensuales que alcanza la sofisticación que hoy conocemos. De esta forma surge la búsqueda del placer de conocer la verdad que antes fue mecanismo de respuesta a la presión de la vida; del placer de sentir miedo o ira, depresión o vitalidad mediante el arte plástico o narrativo; del placer de valorar para sobrevivir en las formaciones religiosas. De estas repeticiones debidamente desencarnadas surge la verdad, la moral y la belleza como gemas con la pretensión de autonomía cuando tiene origen en lo orgánico, lo palpitante y lo excitante de la vida. La razón, la moral son recursos de la vida para la vida. El arte es la operación de repetición de la excitante experiencia de vivir. En el arte se recrea el pensamiento y la moral para revivir las emociones y los sentimientos de los momentos genuinamente vitales. Momentos en los que la sensibilidad, la razón y las decisiones morales constituyen la sinfonía de la vida activándose armónicamente. De ahí que, en el momento abstracto que genera las divisiones que hemos llamado jorismós, busquemos la sinfonía de una unidad que ya no puede recrearse, sino es mediante una construcción de puentes entre las respectivas orillas, que es **la tarea pendiente**.

Hemos llamado a estas grietas de la roca de la realidad *jorismós*. El término ganó su posición en la historia del pensamiento por su uso para nombrar la cisura entre las ideas de Platón y la realidad percibida que debía ser conformada por ellas. A pesar de todos los intentos esta sima quedó abierta y tuvo que esperar a los intentos de Plotino de cerrarla sin éxito con su esforzada doctrina de la emanación. Pues bien, a lo largo de los siglos se ha ido advirtiendo ese carácter fraccionario de la realidad percibida por nosotros y su obstinada resistencia a todos los intentos del pensamiento de salvar las separaciones, lo que se complica por nuestra propia pertenencia a la realidad que observamos. Un jorismós que se confundió con la pareja realidad-apariencia que ha sido fuente de fuertes controversia filosófica. Pero no hay caso, el jorismós se da en nosotros, pero tan realidad es la versión sensorial de la experiencia como la racional.

Ambas son realidades, aunque se presenten separadas por nuestra constitución tríadica. Igual ocurre con la separación moral que da cuenta de dos realidades: la individual y la colectiva; así como con la separación estética que expresa dos posiciones reales ante la vida: la aceptación de la finitud y su rechazo. Añadamos que las separaciones entre el deber ser moral y estético, procedentes de la misma estructura dinámico-conservadora de la realidad, con nuestra conducta, favorecida por nuestra libertad, son componentes de la realidad.

Así, hemos identificado tres escisiones, *jorismós* principales: el que separa la intuición del conocimiento científico, que provoca el jorismós cognitivo; el que separa el interés de los individuos del interés de la especie, que provoca el jorismós moral y político y el que separa las dos actitudes vitales ante la finitud, que provoca el jorismós estético. Un jorismós en el que Schopenhauer bajó las banderas con su pesimismo. Cada una de estas dramáticas escisiones han dado lugar a complejas formas culturales tratando de cicatrizar las heridas de la realidad, como son la filosofía y la ciencia, de una parte, el fino sentido ético y moral y el disfrute premeditado de lo saludable en la belleza plástica y narrativa o en las perversiones de lo feo y repugnante. Estas tres escisiones son consecuencia de la naturaleza del hombre y no pueden ser eliminadas, aunque si mitigadas como veremos más adelante.

La sutileza de los lazos que unen al individuo con sus congéneres crea el espejismo de que se puede valer por sí mismo, lo que queda contradicho desde el mismo momento de su gestación, crianza y educación que se producen en el marco colectivo que va desde la sociedad mínima que es la pareja progenitora hasta en el marco de la sofisticada acumulación de conocimientos por la humanidad. El espejismo del individualismo y su contrario, el espejismo del colectivismo que ahoga toda iniciativa, están en la base de la escisión que atraviesa todos los tiempos en forma de conflictos sociales en los que colisionan los individuos, los grupos y las naciones consideradas como individuos colectivos. Esta escisión ha generado para su mitigación el derecho y la política, además de numerosas disciplinas que tratan de conocer al hombre y su ámbito natural: la sociedad. Es la escisión más presente cotidianamente la que forma parte de la discusión universal cotidiana de la chabola al palacio.

Es especialmente interesante cómo el impulso de supervivencia reverbera en nosotros en forma de deseo de obtener el reconocimiento de los demás por tres grados potenciales de fuerza: temor, admiración y amor. Los tres son formas de protección del ser individual y la fuente de prácticamente todos los conflictos humanos episódicos. Añádase el potente deseo sexual, el de libertad y el de posesión y tendremos el catálogo completo de nuestra gloria y miseria en forma de dramáticas divisiones. Pero, afortunadamente, el mismo impulso de permanencia en el ser individual es reforzado con el impulso de buscar la protección en la permanencia de la especie generando impulsos de resolución de conflictos y compasión de los congéneres neutralizando las escisiones provocadas por el individualismo. Dos tipos de impulsos que separan y unen, que se pueden vivir conflictivamente de forma simultánea cuando, como ocurre en el nacionalismo, dotamos con rasgos de individuo a colectivos. Una forma de conseguir, por identificación con un todo, logros personales de forma vicaria. Aquí está la fuente de la libertad positiva de Berlin por identificación del propio destino con el del colectivo al que se pertenece.

Advertidas las separaciones maestras en el conocer, el desear y el sentir, al penetrar en estos grandes ámbitos de la experiencia humana se comprueba que los tres están a su vez fracturados en mayor o menor grado. En el caso del conocer la escisión es insalvable y de una potencia directamente advertida por cualquiera. De una parte, los sentidos perciben fenómenos que son contradichos por el resultado de la acción de la ciencia que construye sólidas teorías usando como materia de su reflexión lo percibido por los sentidos, pero negando sus conclusiones, como hacen los llamados

negacionistas. Pero no acaba aquí el fraccionamiento que muestra la discontinuidad de la realidad, pues no sólo la experiencia sensorial tiene
cinco vías distintas de captación de estímulos, sino
que la propia ciencia se fractura en categorías siguiendo procesos estudiados por Gustavo Bueno
en su *Teoría del Cierre Categorial* o Nicolai Hartmann en su *Ontología*. Estudio de cómo la ciencia
se fractura organizándose en torno a cuerpos cohe-
rentes de conceptos que se ocupan de todos los estratos de la realidad que van desde el mundo físico
a la mente o de lo más pequeño a lo astronómico.

Algunas grietas pasan por nuestra propia
mente cuando advertimos la lucha en nuestro interior entre un mandato imperativo —que Nietzsche
niega a Kant— y la llamada del goce del ejercicio
del poder, del goce de los sentidos o del *goce* de lo
perjudicial cuando la llamada de la nada se impone
a la del ser. Todas tienen que ver con nuestra presencia extravagante *en medio* de la realidad.

¿Podemos imaginar alguna fisura en la
realidad aún sin nuestra presencia? Quizá la que la
ciencia lleva un siglo tratando de cerrar entre la

física relativista y la física cuántica entendidas como formas del ser y no como disciplinas humanas, quizá, la que se vislumbra entre las fuerzas que unen a las moléculas y las que tratan de disolverlas. Tal vez, también, entre un agujero negro y su entorno. En todo caso, las que vamos a tratar aquí son aquellas que no serían posible sin nuestra presencia como entes complejos, inteligentes y sensibles.

Se dice del cuerpo que por muy complejo que sea no "explica" al espíritu y que cualquier intento es reduccionismo o formalismo. Y todo eso ante la evidencia de que la muerte del cuerpo es la muerte del espíritu, que una copa de licor altera nuestra discreción y dos puede hacerlo con nuestra vida, si vamos conduciendo. No es tan difícil admitir que las más maravillosas experiencias espirituales son producto de nuestra realidad física que es el fundamento de nuestra inteligencia y nuestra libertad, de nuestro sentido moral y de nuestra capacidad de amar y odiar. Unas capacidades que, junto a la sutileza con que estos procesos se producen, invitan a pensar en la existencia separada respecto del cuerpo. Pero no, el ser humano es un animal que trasciende esa condición sin dejar de serlo. Si las moléculas pudieran hablar mostrarían su asombro con lo que han construido en *poco* tiempo en forma de tejidos, órganos y organismos.

La membrana

El ser humano trasciende, decimos, su condición animal en tanto que la razón y la libertad empujadas por el deseo le permite tejer y retejer la realidad conforme a una mirada puesta en sus antecedentes y otra en sus posibilidades y necesidades. La más tozuda realidad es rechazada por aquellos que piensan acríticamente nuestro anhelo de vivir tras la muerte. Nuestro espíritu es una forma nueva y poderosa fuente de alegrías y disgustos que sólo es actual en tanto que el resto del cuerpo se mantiene vivo. Un poder que proviene de la capacidad de simbolizar el mundo para operar sobre él cuando, incluso, "no está presente", en el sentido de que no está "a la vista". Este poder de simbolizar que todo lo cubre evoca una independencia del espíritu que lleva al delirio que, en el mejor de los casos, habla de "pensamiento encarnado" cuando habría que hablar de "encarnación pensante". Pues pensar y sentir son formas de la conducta natural de un cuerpo dotado como el de los seres humanos, sean cuales sean los procesos involucrados en tal maravilla.

Si nos paramos en el análisis del proceso de conocer, en el plano trascendental que fundamenta su posibilidad, traspasamos el ámbito de lo mental para mirar al otro lado de una metafórica *membrana*, que, como la mítica hipófisis de Descartes, comunicara lo mental y lo físico. Ésta no es una membrana que separa, sino que *transforma*, transfigura presentándonos las formas de realidad no afectadas por nosotros en formas de realidad afectadas por nosotros. No separa la realidad y su representación, sino que transforma una realidad en otra para una mejor gestión de la vida. Toda realidad óntica transforma al resto en sus interacciones. En nuestro caso la interacción del resto de la realidad con nuestro cuerpo genera una realidad distinta en una cadena causal sin solución de continuidad. Nuestra realidad fenoménica no es una representación, sino una realidad inevitablemente transformada por nuestro cuerpo, pero que contiene semejanzas estructurales suficientes como para hacer eficaz nuestra ciencia, nuestra moral o nuestra producción estética. Siendo ambos lados de la *membrana* transformadora y la membrana misma, el mismo cuerpo. En este caso, membrana es la metáfora de las estructuras corporales que, en el cerebro, llevan a cabo la transformación.

Sirva el símil de las formas coloreadas de la pantalla del ordenador, que son los mismos procesos electrónicos subyacentes organizados de tal forma que el cerebro lleve a cabo la misma transformación que ejecuta con los impulsos electrónicos que provienen de la percepción natural. La diferencia que percibimos entre la realidad de lo que la pantalla simula y la realidad no artificial está provocada por el contenido de los estímulos, que en un caso es completo y en el otro parcial (hasta ahora). En este caso hay dos "membranas" actuando: la del ordenador entre las aperturas y cierres de circuitos y la de nuestro cerebro entre los flujos físicos y nuestra experiencia de los qualias (colores, sonidos…). En el ordenador hay una rutina que convierte los impulsos electrónicos transportados por la fibra óptica en "aquello" (ondas electromagnéticas o mecánicas de una determinada longitud) que va a *engañar* a mi cerebro. Si en el anverso cóncavo de nuestra membrana tenemos, en los términos kantianos, las intuiciones de la sensibilidad y las categorías del entendimiento constituyendo el a priori del conocimiento y de los vuelos metafísicos, en el reverso convexo tendríamos los mapas neuronales que dan soporte a los procesos mentales. Esta "membrana", obviamente es una imagen grosera frente a los delicados modos en que nuestro cerebro actúa como mente racional y consciente. Pero algún tipo de estructura, que acabaremos conociendo, hace ese papel de sutil tejido sobre el que se proyecta la realidad física y emerge una realidad mental.

Nadie formuló mejor que Kant el límite que la razón se puso a sí misma como suelo en el que apoyar los pies para construir todo lo demás. Dice en *La fundamentación de una metafísica de las costumbres*:

> *"Por todo lo dicho se ve claramente: que todos los conceptos morales tienen su asiento y origen, completamente a priori, en la razón, y ello en la razón humana más vulgar tanto como en la más altamente especulativa; que no pueden ser abstraídos de ningún conocimiento empírico..."*

No miró el admirado filósofo debajo del suelo como nos atrevemos a hacer después de Darwin y Nietzsche. Detrás de la membrana está nuestra naturaleza palpitante dando cimiento al cimiento que es el a priori filosófico. Un a priori cuya esencia es la necesidad y la universalidad. En cuanto a la necesidad, qué mejor fundamento para ella que el hecho de que la razón, como forma heredada de la realidad, juzgue como necesario un determinado principio cuando reconoce en él la propia formalidad de la realidad que la constituye tautológicamente a ella misma. En cuanto a la universalidad, todo ser humano posee razón para experimentar con naturalidad la experiencia de la evidencia tautológica. Y en cuanto a la extensión a seres racionales no humanos, no sé si se es consciente de que este atrevimiento sólo puede tener fundamento, no tanto en que toda razón reconocería sus principios, sino en la tautológica afirmación de que así ocurriría con cualquier razón que proviniese de un proceso constitutivo semejante a al nuestro. Es decir, una razón construida resolviendo los problemas de supervivencia hasta el logro de la adquisición de una conciencia sumergida en la misma realidad que ha de juzgar. Dice el sabio:

> *Añádase a esto que, a menos de querer negarle al concepto de moralidad toda verdad y toda relación con un objeto posible, no puede ponerse en duda que su ley es de tan extensa significación que tiene vigencia, no sólo para los hombres, sino para todos los seres racionales en general, no sólo bajo condiciones contingentes y con excepciones, sino por modo absolutamente necesario; por lo cual resulta claro que no hay experiencia que pueda dar ocasión a inferir ni siquiera la posibilidad de semejantes leyes apodícticas. Pues ¿con qué derecho podemos tributar un respeto ilimitado a lo que acaso no sea valedero más que en las condiciones contingentes de la Humanidad, y considerarlo como precepto universal para toda naturaleza racional? ¿Cómo íbamos a considerar las leyes de determinación de nuestra voluntad como leyes de determinación de la voluntad de un ser racional en general y, sólo como tales, valederas para nosotros, si fueran meramente empíricas y no tuvieran su origen enteramente a priori en la razón pura práctica?*

En la medida en que nuestro cuerpo y su mente es naturaleza, sus procesos son verdad, porque ningún eslabón en la cadena causal actúa fuera de la "legislación" natural. Es la verdad convexa. En cuanto esa verdad traspasa la membrana cognitiva se transforma en sensaciones verdaderas, pero distintas que se convierten, a su vez, en qualias, lenguaje y conceptos, la verdad cóncava. Ya en el mundo cóncavo, la verdad de los procesos es interpretada por el cuerpo para preservar el ser. Una interpretación que tiene suficientes grados de libertad como para generar interpretaciones falsas, que sólo es permitido en circunstancias inofensivas, pero es duramente contradicha en circunstancias de vida o muerte.

Deber ser y libertad

Dada la relevancia del deber y la libertad en el tratamiento de los abismos de la realidad, vamos a tratar aquí esta espinosa cuestión.

Tradicionalmente se ha discutido sobre esta relación considerando que no es posible fundar el deber ser en el ser. Por ejemplo, justificando la esclavitud en base a una supuesta inferioridad natural de una determinada raza como hizo Aristóteles. Pero este enfoque de la relación es fácilmente refutado por comprobaciones científicas de la carencia de fundamento alguno que pueda justificar un trato discriminatorio. Por ejemplo, el filósofo estoico Epicteto fue un esclavo en Roma parte de su vida.

Exploremos ahora, antes de entrar de lleno en la cuestión del jorismós, el deber ser como a priori de la razón, en la interpretación de los "mensajes" que la naturaleza grabó y ofrece incesantemente para recuerdo y uso en la gestión corporal de la vida. Pero no un deber ser que se refiere a los mandatos de un supuesto sentido moral colgado en el vacío o, como se pretendía antaño, con origen en seres espectrales, sino un deber ser depurado de idealismo y cuyas raíces se buscan "allá abajo" cerca del actual y poderoso principio de permanencia en el ser como proceso. Unos mensajes que pueden ser decodificados porque su naturaleza y la de la razón tienen el mismo origen.

La paradoja está en que en el mismo acto de fundar el a priori de cualquiera de las dimensiones de la realidad: física, moral o estética, se funda la libertad de desviarse o no de ellos. Es decir, al menos en el ser humano, al tiempo que el ser funda el deber ser, se crean las condiciones para su transgresión. Debe concederse que el proceso de conciencia del deber ser por la razón, lleva aparejada la posición por ésta de las posibilidades para la acción instintiva en los animales y consciente en los seres humanos que llamamos libertad. ¿En alguna fase del proceso, pudo haber un deber ser sin libertad? Parece improbable, si el proceso había de tener éxito. Es decir, probablemente, un proceso al que sus condiciones le permiten constituir seres conscientes de las propias leyes constitutivas (el deber ser), lleva implícito la generación de todas las capacidades de elección que las propias leyes permiten. Tal parece que, conocida una ley natural, esa misma capacidad de conocimiento despliega delante del deseo y, a continuación, de la voluntad la posibilidad de la transgresión. Al fin y al cabo, hasta una piedra puede eludir los efectos de la gravedad reposando en una cornisa, aunque la sienta latir en cada uno de sus átomos. Cómo no íbamos nosotros a contar junto con la percepción del deber la libertad de no atenderlo, aunque nada más satisfacer un deseo transgresor experimentemos eso que llamamos arrepentimiento seguido de culpa, que es la respuesta del cuerpo a nuestra trasgresión. De hecho, nuestra libertad llega al extremo condicionado de aprovechar la fuerza formal del deber ser para respaldar la prohibición arbitraria de conductas. Dicho sea todo ello sin olvidar que la capacidad sublimadora del espíritu lleva al *deporte* de la trasgresión por la trasgresión para experimentar emociones.

Si, por otra parte, consideramos el deber ser del conocer a la búsqueda curiosa y rigurosa del conocimiento de los procesos naturales mediante la experimentación asistidos por la lógica y las matemáticas, es claro que ese deber es correlativo y se sirve de esa actividad neuronal para llevar a cabo los procesos físicos y mentales que hacen posible el conocimiento. Hay un deber ser del conocer que nos demanda conocer rigurosamente escapando de las trampas de los sentidos que nos arrastran a un conocimiento coherente, pero a veces banal y, las más de las veces, falso.

Una falsedad que mantuvo a la humanidad atada a interpretaciones del mundo natural completamente estériles, aunque, por contraste, facilitaran el avance tras la constatación de su fracaso al ser refutadas por ideas nuevas, pero igualmente refutables. Esterilidad que, por otra parte, contrastaba con la eficacia de los conocimientos técnicos de los artesanos que acumulaban pericia sin teoría (*tecné*) a base de experimentación con coste de vidas y retrocesos con el único auxilio de la geometría. Conocimiento verdadero que construyó naves que dieron la vuelta al mundo, acueductos que saciaban la sed a distancia, tumbas majestuosas y catedrales asombrosas. Una verdad artesanal que pasó a otro nivel (*episteme*) cuando las matemáticas para el cálculo numérico irrumpieron en el siglo XVI tomando el relevo al protagonismo ciego de la experimentación sin teorías. Empezando, así, a acabar con el derroche de la capacidad de abstracción consumida en conciliar razón y fe en los más artificiales problemas teológicos.

En todo caso, una actividad con la que se cumplió con el deber ser del conocimiento, fuera cual fuera el contenido. Un deber que Aristóteles ya había identificado como natural, heredado en el cuerpo real de los hombres en su magnífico comienzo de su metafísica: "todos los hombres desean *por naturaleza* saber" (Παντες ανθρωποι τον ειδεναι ορεγονται φυσει). Interpreto, pues, que el conocer es un deber natural que limitan la acción de la inercia en forma de pereza y de incapacidad con la ayuda del acto magnífico de prestidigitación de los sentidos humanos, cuando del conocimiento de la naturaleza se trata, y de las nieblas de la hermenéutica histórica, cuando del conocimiento del hombre se trata.

El conocimiento más riguroso que cada época permite queda en la orilla de un jorismós que lo separa de la orilla del conocimiento banal y supersticioso en el que tiene origen todas las falsas creencias que llevan a disparates del calibre del rechazo a la vacunación o la creencia de que la Tierra tiene la forma que se creía científica antes de Eratóstenes (III a.C.). Una tentación que amenaza a cada nueva generación de seres humanos.

Queda así propuesta la relación universal entre el ser, el deber ser y nuestra conducta si generalizamos con un esquema formal la estructura dinámica descrita en el párrafo anterior; estando los dos primeros términos en una relación robusta naciendo el deber ser del ser. Relación que rompe nuestra conducta en base a la libertad asociada a la adquisición de la conciencia y su razón. Razón que, al tiempo, identifica el deber ser y es condición de posibilidad de la libertad. Libertad de ser ignorante, malvado o con total desprecio al orden estético, disipándose en el más grosero entretenimiento o *habladuría*. Un deber ser que es transgredido por el abandono de la mayoría a la opinión, el parloteo, la superstición y el error placentero del arte kitsch. Tenemos así el jorismós físico, una separación que ya no se establece entre el ser físico y el deber ser del conocimiento que se siguen el uno del otro en el quehacer científico, sino entre el deber ser del conocimiento y el ser *de nuestra conducta* cognitiva perezosa.

Sentado el jorismós cognitivo corroboramos con el clásico jorismós entre el deber ser descubierto por Kant, la ley moral cuya razón de ser (*ratio essendi*) es la libertad. En este caso, al otro lado de la "membrana", el lado convexo está el ser como pulsión del cuerpo "exigiendo" universalidad a las leyes de conducta para preservar a la especie, mientras que, en el lado cóncavo, la razón *descubre* la ley moral que sirve como vía para el conocimiento (*ratio cognoscendi*) de la libertad. Es decir, la libertad funda a la ley moral, a su razón, pero tenemos noticia lógica de la libertad por la propia razón que la funda esencialmente. Mi punto de vista es que la constitución de la razón conlleva la libertad en el mismo proceso. Ontológicamente no es posible que aparezca la razón sin que venga acompañada de libertad. Ninguna de las dos precede a la otra. Otra cosa es que la razón sea consciente de sí misma antes de ser consciente de la libertad que está a su disposición.

Así describe Kant la estructura trascendental de la moral poniendo pie en la "membrana" conectiva sin mencionar explícitamente los procesos basales que se muestran a nuestra conciencia ya transformados. Establecida la relación entre el ser y el deber ser, de nuevo es nuestra conducta, o, como es obligado decir en este marco, nuestra libertad la que, ejercida como ser conductual, rompe con el deber ser y crea el jorismós moral del que se quejan amargamente Ovidio (I a.C.) y Pablo de Tarso (I d.C.) al percibir como en su propia intimidad es traicionado. Así podríamos decir, parafraseando al estagirita, que "Todos los hombres desean *por naturaleza* hacer el bien", pero, una vez más, son atraídos a traicionar este mandato. En este caso por el interés, ya sea económico o emocional. Cuando Hume (1711-1776) nos provoca afirmando que la razón tiene que estar al servicio de las pasiones está rindiendo la plaza del deber ser a las hordas pasionales y con ello comprometiendo a la especie cuando esta rendición es extramuros.

Un tercer jorismós asoma en el ámbito de la sensibilidad: el jorismós estético, al que es aplicación el mismo esquema: el ser natural presiona la" membrana" con su pulsión para premiar con procesos placenteros el uso natural de los sentidos para la preservación y celebración de la vida. Estímulos que emergen en el lado cóncavo de la membrana como placeres al servicio de la salud, cuyo disfrute pueden ser transfigurado en goces culturales invitándonos misteriosamente a disfrutar mediante la selección premeditada realizada por el genio entre los que cada época ha sido capaz de apreciar. Placeres sensuales transfigurados por las formas sutiles en que son servidos a los ojos como artes plásticas, a los oídos como artes musicales, a los sentidos del olfato y el gusto como refinada perfumería para la seducción o deliciosos platos que son seguidos, cuando es posible, con los placeres de las caricias más delicadas. He aquí de nuevo al ser generando un deber ser del goce estético que quedan a un lado de un jorismós creado por nuestra libertad que se apresta de nuevo a la traición al mandato natural de disfrutar de la belleza cayendo en el kitsch. En este caso diríamos parafraseando la fórmula del estagirita de nuevo que "Todos los hombres desean *por naturaleza* vivir en la belleza ", siendo aquí la belleza la representante de todos los placeres que la naturaleza nos sirve. Sin embargo, vivimos en medio del desorden formal, el descuido arquitectónico y urbanístico, la pintura banal que invita a odiar a la naturaleza que evocan, anticipo de la tortura a la que la sometemos en medio de toneladas de basura nauseabunda y gestos de mal gusto por doquier. Un panorama que se degrada aún más cuando buscamos placeres no experimentados con preparados químicos altamente peligrosos. El "uno" de Heidegger tiene aquí su origen. Además de que el regreso del Dasein a la autenticidad es complicado, *pero es la tarea*, aunque quizá con menos énfasis en la presencia cotidiana de la angustia de la muerte en nuestras vidas.

En este caso, el deber ser estético, como en los otros dos, se funda en el ser "del otro lado", que es traicionado a este lado de la membrana "gracias" a nuestra insobornable libertad que, como no podía ser menos, hunde sus pies en la naturaleza de un ser dotado de la capacidad de presentarse a sí mismo muchas posibilidades que van de lo mejor a lo peor. En los tres jorismós se da la perplejidad de la subjetividad del juicio cognitivo, normativo (ético, moral, legal) y estético. En los tres casos la objetividad buscada en forma de universalidad y necesidad se dan relativamente al cuerpo que lo sustenta todo "para" evolucionar de individuo a persona. En los tres casos, la libertad de traicionar el reclamo del cuerpo permite que el individuo emita juicios subjetivos cuya vocación de universalidad se vislumbra más o menos según el esfuerzo que se haga para acercarse al ideal que nos eleva a la ciencia, a la bondad y a la belleza. Estos juicios, cognitivos, morales o estéticos van ganando en objetividad a medida que se depuran acercándose a la universalidad (provisional) de la ciencia, el deber y el gusto bien fundados por siglos de esfuerzo de la inteligencia, la moral y el disfrute estético de la humanidad.

Con Hume decimos que nos place un objeto y, después, lo llamamos bello, observación que generalizamos a un "me place esta conducta y, después, la llamo moral o me convence este argumento y, después, lo llamo verdadero". O sea, como cuando Kant experimentó, en forma de admiración y respeto, su descubrimiento de la ley moral en sí mismo. Sin embargo, es ambiguo Hume cuando dice que la razón debe ser la esclava de las pasiones. Pues se puede interpretar en el sentido dado aquí de que la razón debe atender las indicaciones del cuerpo como fundador del deber ser, pero también como que ha de rendirse ante los impulsos negativos que salvando al individuo perjudican a la especie. Una cuestión clave a la hora de considerar el deber ser más sagrado: el que preserva la dignidad humana. Entendiendo por tal el título que damos a cada individuo de la especie humana como portador del derecho a ser respetado formal y materialmente, física y psíquicamente por el mero hecho de serlo

Jorismós

Ya se ha anticipado la concepción de una realidad fracturada conformando abismos irreversibles que nos fuerzan a la tarea de tender puentes que eviten los conflictos entre las distintas islas generadas. Abismos a los que hemos llamado jorismós y que están en la base de la realidad humana y todos sus problemas. Problemas que se han sabido resolver en algunos casos tendiendo puentes entre las dos orillas de los abismos, pero que están pendientes en aquellos que generan conflictos de mayor calado y coste. Creo que está bien resuelto el jorismós que llamaremos cognitivo entre los sentidos y la razón, pero está pendiente el más complicado de todos: el jorismós moral y político que surge de la división de los individuos humanos, sea cual sea su condición, en filautes o defensores de lo individual y koinitas o defensores de lo comunitario.

Los retrocesos infinitos buscando una causa primera, al modo de Tomás de Aquino no conducen a explicar las dificultades del ser humano en la realidad moral, social y política, pues la realidad se sostiene y se presenta a sí misma y a toda pesquisa en una actualidad incesante. Cualquier paseo de regreso temporal infinito, en realidad, conduce al punto de salida como un regreso espacial.

La causa que explica la realidad no hay que buscarla en el pasado: *está presente*. Lo que aconteció en el pasado sólo es una forma distinta de ser, no la explicación del ser. No hay un tiempo infinito transcurrido, sino una perenne actualidad de una realidad autónoma y mutante. Es decir, la realidad no es ni siquiera eterna: la realidad simplemente *es*. La naturaleza no *olvida* las leyes por las que se rige, aunque éstas puedan variar. Quizá uno de los problemas filosóficos más importantes consista en la pluralidad y discontinuidad de la realidad desde que emerge como materia. Todos los intentos monistas se han mostrado estériles. Pero, si nuestro pensamiento exige un principio como fundamento (*arjé*), éste es la energía, la capacidad de acción, una sutil característica de la realidad conocida o por conocer que, sin embargo, lo sostiene todo:

desde la más "grosera" muestra de basura hasta el más penetrante y sutil pensamiento.

La realidad material no es monolítica y, sin embargo, parece estar tejida con un único tipo de hilo. Se parece a una roca fracturada con grietas entre bloques. Esta discontinuidad reta al pensamiento a la búsqueda de una explicación, pero, primero, es necesario conocer el origen de las fracturas y su carácter, reversible o irreversible porque, como hemos dicho, la realidad misma, está presente y actuando. Como siempre, la búsqueda de un origen no es garantía nada más de que, como proponía Descartes, se ha llegado al fondo en el que hay que aceptar lo que se encuentra como evidente.

En efecto, tal parece que la ciencia está a la búsqueda de lo evidente por el camino indirecto de tejer una red de conceptos bien adaptada a la realidad que se nos presenta, siendo incapaz de proporcionarnos su sentido. El trabajo de la ciencia es ayudarnos a aceptar la realidad, pero para que esa aceptación no sea a ciegas, de místico aspecto, antes va a mostrarnos sus entrañas funcionales y lo hace, astutamente, utilizando trozos de realidad como bisturí con lo que procede a su vivisección. Pero, al cabo, miraremos un tupido paisaje con admiración y con nuestra larga sombra proyectada sobre él.

El pensamiento ha identificado tres grandes bloques: el de lo verdadero, el de lo bueno y el de lo bello. Son tres categorías trascendentales; tres rasgos del ser, *tres gracias*, que no pueden ser disueltas unas en otras a pesar de que encontramos retazos de cada una en las otras cuando hablamos de la belleza de un acto moral o la verdad de una obra de arte. Pero son ejercicios metafóricos no conexiones reales entre estos ámbitos autónomos. Dicho sea, sin perder un ápice de respeto a la facultad metafórica, pues el lenguaje estaría inválido para nombrar a las más importantes producciones humanas si el mundo "a la vista" no pudiera servir de soporte a los conceptos, imágenes y emociones de la vida espiritual. Lo espiritual sería inefable de no contar con la posibilidad de expresarlo a través de palabras tomadas de la vida física.

El caso es que el potente chorro vital entra en nosotros y se divide en tres canales que, aunque tengan vasos comunicantes, excitan fundamentalmente nuestra razón y entendimiento de una parte, nuestra capacidad de ejercer la libertad de acción condicionada, de otra, y, finalmente, el reconocimiento gozoso de las formas y sonidos que nos llegan transformados por nuestro cuerpo para ser aceptados o rechazados en función de su contribución a nuestro ser. Un goce estético de la vida que genera un importante jorismós, pues unos lo interpretan como el sentido de la vida y otros como la antesala de otra vida espectral.

Una bifurcación de energía que se presenta simultánea provocando el ya mencionado anhelo de unidad fundado en que todas provienen de un único principio: la permanencia en el ser y llegan a una misma meta: la conciencia del ser. La verdad, el Bien y la Belleza, tres mundos que encuentran, en principio, una frágil unidad en el hecho de que son tres anhelos de este ser (el humano) en nombre de toda la naturaleza, además de que los tres se presenten como inductores de la conducta potencial de un único individuo.

El ser humano experimenta en sí la fractura y al tiempo se ofrece como garantía de la volátil unidad de esa pluralidad que puede darse en él. También debe aclararse que, tanto la verdad, como el bien y la belleza, son valores humanos y, por tanto, las simas que vamos a describir no existirían sin que el ser humano las provocara con su estructura corporal, que es toda una larga historia evolutiva. Pero inmediatamente hay que decir que es un ser que sintetiza al mundo entero materialmente y que lo incluye mentalmente con su capacidad de objetivación. Así se da la paradoja de que un tipo único es capaz de representarse a la universalidad del ser. Una circunstancia que no debe hacernos olvidar que el hecho de que los grandes jorismós se hayan manifestado con el ser humano no diluye su carácter de abismos reales, puesto que él mismo es parte de la realidad. Una realidad que acentúa la aparente misión autoimpuesta por la naturaleza en el ser humano. Una realidad fracturada que se hace presente cuando aumenta la complejidad de los entes.

Poco sabemos, todavía, de cómo la actividad cerebral se convierte en nuestra espléndida experiencia fenoménica y autoconsciente. No digamos de cómo nuestras decisiones conscientes se transforman en acciones físicas de respuesta de nuestro cuerpo —desde el habla al movimiento de miembros. He aquí la última frontera.

Todo jorismós tiene como característica principal la imposibilidad de ser cerrado espontáneamente porque interviene una característica invariante de nuestro ser. Seguiremos *viendo* el transcurrir *lento* de un avión en la lejanía, aunque *pensemos* que va rápido; seguiremos viendo útil la eliminación de un adversario, aunque sintamos que está mal; seguiremos encontrando bello un objeto, aunque nuestra formación estética nos indique sus defectos. El único modo de cerrar estas simas es perder la libertad y eso, afortunadamente, es imposible potencialmente. La libertad evita una transmisión rígida del deber ser a nuestra conducta. Gracias a esa característica de nuestra naturaleza hemos prescindido de la información que nos dan lo sentidos en primera instancia para transformarla en información valiosa gracias a la razón. Gracias a ese rasgo, también padecemos el desgarro entre lo que es bueno para nuestra especie y nuestros desvaríos a manos de las pasiones por repetir los placeres sin medida, pero, gracias a esa libertad interpuesta, el arte que proporciona placer imperecedero puede ir acompañado también de lo feo.

En el jorismós físico hay que estimular formas de vida joven que conviertan el conocimiento científico en un hábito gozoso; en el jorismós estético, se requiere conducir al aprendiz hasta la frontera idiosincrática en la que su sensibilidad tome contacto con la naturaleza y el arte bello, además de interesarlo en mirar más allá del objeto hacia su sentido para nuestra existencia. El jorismós ético requiere dotar al aprendiz de formas de sentir la culpa para el daño a otras personas y administrar la buena fe que dota de dignidad a sus actos; también se requiere depurar las normas morales de la sociedad de todo aquello que por convencional se aleja de una concepción natural del hombre y al tiempo permita una convivencia cordial y nunca puritana.

El problema surge porque a la hora de establecer esta política se abre ante los pies de la sociedad una grieta: el jorismós político que nos divide entre los individualistas y los comunitarios en opciones complementarias, pero con vocación totalitaria. Por eso, no sólo no conviene intentar cerrarlo forzando insanamente que desaparezca una de las dos posiciones, sino que hay que orientar a ambas partes a la cooperación porque ambas visiones, individualista y comunitaria, son necesarias para afrontar los problemas esenciales de la humanidad, como punta de lanza de la realidad que es, ante misteriosos desafíos no vislumbrados.

Hay un jorismós que plantea también determinados problemas sociales. Se trata del jorismós sexual, que incluimos en el jorismós estético, que, teniendo origen claro en el principio de conservación del ser, tiene origen inmediato en la contemplación de los cuerpos. En un momento determinado de la evolución la reproducción sexuada fue seleccionada dando lugar a la más dramática separación entre ejemplares de una misma especie. Hay que tener en cuenta que una de las definiciones de especie es precisamente que es posible que las relaciones sexuales tengan éxito reproductivo.

Los jorismós son grietas en la realidad con incidencia en nuestras vidas. Algunos parecen insalvables, sin embargo, es posible tender puentes entre las orillas de un jorismós mediante la orientación premeditada de nuestra libertad y nuestra razón a ese fin, lo que ocurre cuando *advertimos* que hemos de usar nuestra libertad para ponerla al servicio de la necesidad cognitiva, moral o estética. Nuestra libertad nos permite gozar de lo falso, lo inmoral y lo estéticamente banal. De hecho, nos pasamos gran parte de la vida transitando territorios templados del rango de experiencias posibles e, incluso, hacemos humor de nuestras limitaciones, lo que hace posible la convivencia y el perdón.

Hay que hacer trabajar a los situados en distintas orillas de un jorismós, desde sus *verdades,* para el bien común. Esta es la genuina labor educativa y esta es la verdadera acción política.

Quizá así acabaríamos con los irritantes ciclos de promulgación y derogación de leyes fundamentales para una sociedad que tantas energías hacen perder y tan peligrosa vuelve las relaciones sociales. De hecho, las guerras civiles son la expresión más cruel de cómo el gruñido de nuestros cuerpos hecho ideología nos enfrenta a muerte.

Hay toda una *paideia* que desarrollar al respecto esperando a ser aplicada a niños y adultos. Una *paideia* de la diferencia asumida basada en la fractura irreversible de la realidad humana y, quizá, más allá, de la realidad toda. Una función educativa que ser retrasa indefinidamente debido a la incomprensión de la naturaleza de la realidad. Los habitantes de las distintas orillas de los jorismós identificados viven su experiencia con actitud de estar en la verdad absoluta porque así se lo indican sus convicciones. Convicciones que tienen su fundamento en el confort que proporciona las emociones y sentimientos asociados a las creencias familiares. Instalados así en la convicción es fácil entender que el situado en la orilla opuestas del jorismós esté radicalmente equivocado y, en consecuencia, o se aviene a nuestras posiciones o debe ser neutralizado. Esta es la tragedia humana hasta que se reconozca la buena fe del adversario al que el azar ha llevado a la otra orilla de la fractura abismal.

Dado que toda posición cognitiva, normativa o estética requiere criterios, es decir valores de referencia, me parece que es necesario contar con un esquema que presente gráficamente como fluye el principio originario de permanencia en el ser a través de la estructura del ser humano generando las bifurcaciones que explican los jorismós y se convierten en fuente de valoración.

Ese esquema se presenta en la página siguiente y muestra como los valores difícilmente pueden ser integrados como materia de educación cuando sus fuentes dividen ontológicamente a los seres humanos. Una división tan radical que la acción educativa tiene que organizarse, no tanto para pasar a los educandos a la otra orilla de cada jorismós, cuanto en reconocer la imposibilidad de tal operación y buscar la solución en la convergencia desde la diferencia ontológica en la que se vive.

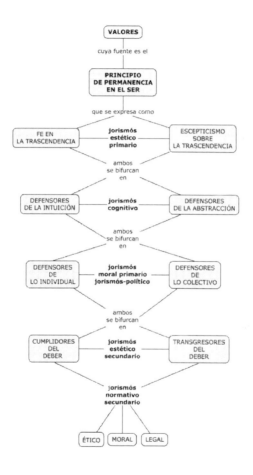

89

Jorismós cognitivo

Los dos primeros jorismós a considerar en detalle son el físico y el fidelista. El primero opone a los sentidos y a la razón y el segundo a los acontecimientos bien tasados y nuestras creencias.

JORISMÓS FÍSICO

La atmósfera era feérica, sólo escuchaba el suave lamido del agua en el remo. Había salido de noche para sorprender al sol en su salida. Por eso viajaba hacia el este. La piragua era chata y apenas estorbaba la visión del horizonte con luces titilantes más allá del mar. Todavía, por el oeste la luna llena teñía cada pequeño rizo del agua de una luz estañal que, en contraste con su propia sombra, producía un rielar bellísimo. En esos breves momento de oscuridad aún podía ver un cielo estrellado estupefaciente. Podía uno quedarse contando las propias ideas confusas ante millones de lucecitas cuajando un fondo azul profundo. La luna pronto evolucionó en su palidez al caer hacia el horizonte anunciando la salida de su compañero en la balanza cósmica y las estrellas se desvanecieron. Por el este el cielo se volvía crecientemente luminoso y perfilaba de dorados ribetes la silueta de unos nimbos velazqueños que parecían haber estado allí toda la vida. Una estela crecía lentamente en el cielo; en uno de sus extremos un punto negro sugería la figura de un avión lejano que apenas se movía. Poco a poco la luz se hizo más presente y un faro intenso apareció sobre la raya del mar, tan plano que reflejaba a sus hijas evaporadas, unas escasas nubes que servían para quitarle monotonía al momento. Una gaviota dijo algo y se alejó hacia la costa -tendría que desayunar-. Un disco brillante iba saliendo del mar justificando cualquier mito de nacimiento telúrico. Hasta que terminó de salir parecía estar quieto siempre. El último tirón para desprenderse del agua lo imaginé generando allí, donde estuviera sumergido, grandes cataratas desprendiéndose de su superficie ígnea, dura, homogénea. ¡Qué gran momento! Sentía el latido de la eternidad. El goce de ser todo y nada sumergido en un

magma de belleza y armonía. El silencio, el re-
poso, la integración total en la inmensidad de
todo lo que me rodeaba y mi capacidad de disfru-
tarlo en estático pensar y sentir. El sol ya calen-
taba, me di la vuelta, aceleré mi ritmo de remada
y la sólida materia de la canoa me devolvió a la
costa.

Este pasaje de aficionado a la escritura lo podía haber escrito un fenicio 1000 años antes de Cristo, mientras amanecía en el mediterráneo, excepto la mención a un avión. Y ello porque sus sentidos eran los mismos y su sensibilidad ante la naturaleza, seguramente muy parecida. También nos diferenciaríamos en que el vería a sus dioses en el espectáculo y yo solamente un enigma. Platón consideró esta situación como la experiencia del recluso en la caverna. No era fácil: pues esta experiencia sensorial es verdadera y aparente a la vez. Pero yo nací 35 años después de que se publicara la teoría general de la relatividad y 450 años después de Copérnico (1473-1543). Mis sentidos me hacen llegar la misma información que a mi congénere fenicio, pero ya no puedo pensar lo mismo si, como decía Ortega y Gasset (1883-1955), estoy a la altura de los tiempos. Ahora sé que esa estampa de quietud no engaña a mis sentidos, pero sí a mi mente al tratar de interpretar la escena.

Mi cuerpo, la piragua, el mar, las nubes y la gaviota giramos con la superficie del planeta Tierra a medio kilómetro por segundo, equivalente a 1700 kilómetros por hora. Y, además giramos en torno al Sol a 30 kilómetros por segundo, equivalente a 100.000 kilómetros por hora. De modo que mi interpretación de la escena decae, pero aún no está dicho todo. El precioso disco que se eleva no sale del mar, sino que está a ciento cincuenta millones de kilómetros de nosotros y, desde luego no es un disco, ni es sólido. Es una esfera de gas de hidrógeno en permanente combustión para convertirse en helio que, para pasmo de mi ya amigo el fenicio, cada vez que uno lo mira en el horizonte puede haber dejado de existir mientras miramos su espectro en forma de ondas luminosas y de otro tipo que necesitan ocho minutos para llegar a la Tierra. Además, no sale del mar, es el mar el que en su giro se hunde. Lo mismo que ocurre, pero de forma mucho más acusada, con todas las estrellas del firmamento que me dejaron atónito en mi experiencia ficticia. Todas ellas son el residuo de una vida estelar ya inexistente. No menos frustración produce el saber que el lento caminar por la esfera celeste del avión a chorro en realidad es un vertiginoso volar de un pesado artefacto de duraluminio (150.000 kg) a 1000 kilómetros por hora. Por otra parte, la solidez de la canoa es resultado del encuentro en una frontera indefinida de dos vacíos: el de mi mano y el de la materia del plástico que la constituye. Y, para rematar, los colores que mi conciencia disfruta no lo son propiamente de los objetos que observo pues la longitud de onda asociada no reside en ellos salvo el tiempo justo para salir despedida fraccionando la luz blanca recibida. El color de nuestros placeres estéticos no es una característica de la cosa, sino el signo de su estructura física.

Roto el hechizo se necesitan explicaciones, pero hay que anticipar que ninguna de ellas es satisfactoria si no se estudia física y no se concede utilizar una cierta complejidad matemática, aunque el físico sabe y nosotros también que ni todo el conocimiento científico hace posible dejar de ver y sentir lo que se ve y siente porque, ese conocimiento, no transforma los sentidos, sino que modifica los conceptos.

Ahora, cuando vea la misma escena puedo optar por suspender mi inteligencia momentáneamente, una especie de *epojé* de aficionado y dejarme invadir por las sensaciones o estropear el momento colocando una lámina transparente de conceptos entre el espectáculo y mi mente. *Son apariencias inevitables*. O mejor, es la realidad de nuestra condición. Pero ¿qué sería de la realidad si no se mostrase como lo que siempre para nosotros serán *apariencias*? Unas apariencias que son la muy real interacción entre nuestro cuerpo y el resto del universo. ¿Cómo concebir a esta paradójica condición de la experiencia sensitiva que es, al tiempo, realidad para nuestra sensibilidad y velo para nuestra razón? Aquí nos encontramos con un jorismós en dos tipos de conocimiento, pero también la puerta que hace posible que el mundo que nos ha constituido excite nuestra necesidad de saber, de desear y contemplar, pues nuestros sentidos son la fuente de toda estética, la materia de toda reflexión racional y el muelle que reacciona moralmente para dirigir nuestra conducta.

Sea como sea, ahora sabemos que el principio de inercia de Galileo (1564-1642) concibe la quietud como un movimiento compartido, pues no existe el reposo. Que un sencillo cálculo espacio temporal explica la lentitud del avión. Que el hecho, establecido por Einstein (1879-1955), de que la velocidad de la luz es la máxima a alcanzar prueba en abstracto el hecho inobservable de que no nos enteraríamos de la desaparición del Sol antes de ocho minutos y que las estrellas que vemos no existan tal como las vemos. Mi fenicio, además, no sabría que la luna llena está al oeste en esta escena porque es la única forma de que, al no tener luz propia, la reciba del sol directamente desde el este. Tampoco podía saber que nuestro movimiento alrededor del Sol es elíptico y que este estado orbital no es debido a la "atracción" de la estrella, sino a la curvatura del espacio-tiempo provocada por su presencia en nuestra "proximidad". Este duro despertar no le quita ni un ápice de emoción al momento mágico, pues la simetría de las leyes de la física hace posible que la velocidad de nuestro planeta no altere nuestras experiencias místicas o banales.

No es de extrañar que se tardara tanto tiempo en salir del embrujo de los sentidos. Estuvimos demasiado tiempo buscando la explicación en el circuito cerrado de la razón, olvidando la fuente de corroboración o refutación de la experiencia, que estaba monopolizada por la artesanía con el rudimentario método de ensayo y error. El socratismo como intelectualismo que denuncia Nietzsche en relación con el goce de la vida tuvo otra víctima en la experimentación como criterio.

Sin embargo, todavía para todos nosotros, y esperemos que, para siempre, esa relajante serenidad es la atmósfera que deseamos para la paz de nuestras emociones y sentimientos, lo que se explica tautológicamente porque hemos sido concebidos, gestados y hemos vivido con el principio de inercia incesantemente activo en nosotros. Aunque

pudiéramos corregir nuestros sentidos para eliminar intuitivamente aquello en que contradicen a la
razón, ¿a quién le puede interesar sustituir la
fuente de toda belleza y serenidad por la capacidad
de cálculo inmediato por una milagrosa adaptación
de nuestra forma de percibir el mundo a su estructura matemática? Está todo bien como está. Aunque eso suponga el esfuerzo educativo, generación
tras generación, de atraer hacia esa experiencia
dual de sensaciones y reflexiones.

Además de que es la fuente de las más be-
llas metáforas para otra de nuestras capacidades.
Así, cuando hablamos de que tras la tempestad
llega la calma estamos hablando con figuras litera-
rias del latido de nuestro corazón o el ahogo que
produce la ansiedad por los aconteceres humanos.
La confusión de los sentidos es la fuente de la felicidad que siempre hemos buscado, bien en la naturaleza o en el pensamiento. De hecho, rudamente
se puede decir que la historia de la filosofía es la
historia de la búsqueda de calmantes intelectuales
para la inquietud que nos causa la vida y la muerte.
Calmante que se busca en ideas eternas,

inmutables y necesarias. Y decimos calmantes, porque en ningún caso podemos permitir ser anestesiados intelectual ni emocionalmente.

Desde Tales de Mileto (VI a. C.) al último metafísico, se ha buscado lo eterno, inmutable y necesario para fundamentar nuestro anhelo de seguridad que no residía en lo absoluto, sino en lo relativo, en el movimiento y el cambio compartido. Aunque, eso sí, la interpretación intelectualista de ese esfuerzo nos ha hecho creer que era una fría actividad cognitiva; un querer saber por saber. Pero no, la metafísica ha sido también una búsqueda del camino de regreso al seno materno o, al menos, a una potencial y arcádica infancia feliz de nuestro imaginario. Hemos tardado siglos en comprender eso, pero ya estamos llegando en algunas zonas de la civilización al estado adulto gracias a una nueva metafísica y ontología. Entendidas, la primera, como el ejercicio siempre efímero del pensamiento más allá de lo comprobable y más acá de lo coherente para encontrar sentido, significado a la existencia; y entendida, la segunda, como la capacidad sutil de discriminar entes y sus relaciones en el seno de una realidad incomprensible e inmanejable sin esas separaciones antrópicas.

De aquí puede surgir una relación armoniosa entre filosofía y ciencia como las dos formas de conocimiento racional a nuestro alcance. Complementando en el arte y el deseo el despliegue de las emociones. Se perfilan así dos fuentes de conocimiento asociadas a los hechos y propulsada por las teorías. Justo lo que se necesita en el ámbito metafísico para que sus elucubraciones, que no deben alejarse de la ciencia más de lo que da de sí la lógica y las matemáticas, tengan utilidad para la humanidad. Nuestra esperanza reside en mirar de cara la deslumbrante claridad de la abisal realidad. Los avances teóricos, por mucha consistencia formal que tengan no pueden ser sacralizados, sino sometidos ferozmente a las pistas que la realidad nos da en medio de la polvareda que genera la experimentación y los acontecimientos humanos con sus consecuencias.

La realidad física es plural y, a despecho de su constitución energética monótona se presenta disociada a nuestra escala. Otra cosa sería, probablemente, para un electrón con conciencia, lo que no tiene fundamento porque la conciencia necesita una complejidad que surge de la acumulación de estructuras incompatibles con el tamaño de una partícula subatómica.

La pluralidad de la realidad se muestra en todos los niveles que la capacidad disociativa de la mente es capaz de generar. Mientras los físicos destripan los quarks, los sociólogos abren en canal las instituciones pasando el testigo a la psicología que fragmenta la mente y así sucesivamente. Encarar el futuro con esperanza tiene que partir de la aceptación de la complejidad y la consiguiente generación de herramientas capaces de comprenderla y gestionarla. Sea como sea, hemos visto que la interpretación ingenua de la experiencia física no nos proporciona la verdad cognitiva, sino un bello espectáculo oblicuo, tan verdadero, dada nuestra constitución, como falsas pueden ser las deducciones que hagamos ingenuamente a partir de él. Falsedades verdaderas por su realidad y que sirven de desafío a la razón para que establezcas explicaciones mejor correlacionadas con las comprobaciones experimentales.

He aquí la primera escisión de la que somos responsables como observadores materiales: la que se produce entre nuestra intuición espacio temporal y la interpretación científica tras cuidadosas acciones teórico-experimentales. Una escisión en una única realidad. Pero una realidad fracturada, discontinua que sólo puede ser cohesionada por la voluntad del ser humano de cruzar estos abismos sobre puentes de concordia especialmente aquellos que conciernen a los seres humanos y su dignidad a imitación formal de cómo la ciencia ha conseguido cubrir su propio jorismós sin eliminarlo. En este sentido hay que decir que el jorismós sobre el que más y mejores puentes se han construido es el físico o natural. Puentes sobre los que puede transitar cualquiera que desee salir del encantamiento de los sentidos y gozar de los frutos del conocimiento bien madurado por la ciencia. Y eso que el sólido bloque del deber ser físico también está fracturado convenientemente por las categorías que identifican la idiosincrasia de cada ciencia particular evitando las confusiones gnoseológicas correspondientes. Una enseñanza que es explícita en Nicolai Hartman en su *Ontología* y de Gustavo Bueno en su *Teoría del cierre categorial*. Una enseñanza que nos muestra como regresando desde la complejidad conocida hacia sus fundamentos no nos encontramos una sustancia indefinida, sino un número limitado de categorías que justifican a las ciencias especializadas y en torno a las cuales se arraciman teorías y sutiles conceptos construidos acerca de la física, la química, la biología, la psicología, la antropología, y la sociología como representantes de nuestra capacidad formal de disociar la realidad para entender su estructura funcional y aceptar su sentido.

Este jorismós cognitivo tiene una estructura que puede ayudar a explicar otros menos explícitos. Esa estructura consiste en la oposición de la experiencia intuitiva y actual de nuestro cuerpo y la experiencia "congelada" en la razón por milenios de experiencia de la especie.

Además, este jorismós ayuda a plantearse la eterna cuestión de la cosa en-sí. Una expresión que se refiere a que hay algo "ahí fuera" que nunca conoceremos y que es el emisor de la energía que nuestros sentidos experimentan como una apariencia. Un juicio precipitado porque nada más natural que en una realidad constituida por procesos que requieren espacio y cambio, una realidad no espiritual ni descarnada, que la subjetividad observadora tenga contacto con "algo" resultado del proceso que va de la emisión a la recepción. Pero, al cabo, nuestra mente tiene acceso a una realidad, transformada sí, pero realidad. No es una cuestión de cosa en-sí o no, sino en qué lado del proceso estamos: en del emisor o el del receptor, pero, *en ambos casos*, en contacto con la realidad "*as it is*". Nosotros mismos en tanto que emisores de una proferencia somos "cosa en-sí" para quien reciba el mensaje, pues no le llegará, en ningún caso, tal y como emitimos, si no transformado en el natural proceso de transmisión. Ni la cosa en-sí de Kant, ni lo Real de Lacan son otra cosa que una interpretación mítica de cómo se relaciona la realidad consigo misma.

De modo que la información que nos llega por los sentidos es real y no aparente. Otra cosa es que nuestros sentidos estén constituidos de la forma que permitió a sus usuarios (animales u homínidos) y nos den información que, de no ser racionalmente analizada y contrastada con otras formas de realidad, como es nuestra razón matemática, resulte poco práctica más allá de su uso primario.

Cuando conocemos no nos perdemos la realidad en-sí, sino una de sus posibles versiones, cada una de las cuales depende de la estructura sensitiva y cognitiva del observador. Es decir, versiones que dependen del tipo de observador que esté al final del proceso. Pero versiones siempre valiosas para nuestra relación con el resto de la realidad y versiones mensurables (la inconmensurabilidad absoluta es una propuesta radical hija de la tentación de la novedad que pasa pronto). En todo caso, cada observador tiene a su alcance una versión del emisor, pero todas las versiones, si siguen las pautas racionales, pueden ser debidamente interpretadas para una eficaz relación con el entorno. Una relación, que como demuestra la ciencia —a pesar del jorismós físico— permite la resolución paulatina de los problemas espontáneos y los creados por las malas interpretaciones. "Maldad" que reside en el desajuste entre la realidad que llamamos ideas o conceptos y la realidad que llega a nosotros en su versión sensitiva para ser interpretada pacientemente por la realidad que llamamos razón.

JORISMÓS FIDELISTA

Un jorismós derivado del cognitivo es el fidelista, y que es resultado de las diferencias entre los postulados de la razón científica y las creencias (fe) de los individuos. El esquema formal es el mismo que en el jorismós físico, pero la diferencia ya no es entre la deducción de la información de los sentidos y las reflexiones de la ciencia, sino entre ésta y las creencias sin fundamento con las que el individuo se ha familiarizado a lo largo de su vida o por contacto con sectas sociales o religiosas que han penetrado en unas defensas psicológicas débiles.

En general se trata de creencias supersticiosas por no estar basadas en ningún tipo de evidencia comprobable por terceros. Pueden ir desde la creencia en el diablo y su acción sobre los individuos a creencias abandonadas hace siglos ante la contundencia de las pruebas física y matemáticas en su contra, como la forma del planeta Tierra, la influencia de los astros sobre la conducta humana o una supuesta ineficacia de las vacunas, cuando no su empleo como vehículo de transmisión de enfermedades. Tan graves desviaciones respecto de los conocimientos que pacientemente ha ido constituyendo la ciencia y que tantos frutos ha dado para preservar y prolongar una vida sana y longeva, es una patología moderna que va más allá de la eficacia de la educación. Precisamente, por eso, se constituye en un jorismós, porque no es fácilmente reversible o reconducible. Hay algo de posicionamiento ontológico en el rechazo al conocimiento verificable y el amor por aquello que más confirma nuestras creencias previas. Es muy difícil renunciar a aquello que se nos presenta como constitutivo, ya sea una supuesta condición moral fundada en la voluntad de seres espectrales, ya sean las creencias políticas basadas en una concepción originaria ante la vida, como muestra el jorismós político.

Se está más o menos predispuesto a someter de buena fe las propias creencias a confrontación argumental o experimental o no se está. Es un jorismós en el plano cognitivo con rasgos semejantes al jorismós estético relativo a la aceptación de la finitud.

Este jorismós es especialmente tenaz porque su carácter cognitivo es superado por la sospecha de que la razón es aquí desbordada por pulsiones más profundas como las que fundamentan el jorismós moral. Si es así, la dificultad de tender puentes es más compleja, al menos mientras se crea que se trata exclusivamente de un problema cognitivo y se encargue exclusivamente a la educación los puentes entre sus dos orillas. El que niega la ciencia lo hace en la creencia de que sólo el conocimiento compatible con la información que le llega por los sentidos es fiable. En general va acompañada del rechazo al esfuerzo de someter los propios argumentos a la prueba de la lógica formal e, incluso, informal.

Si se confirma la relación tendrá que reafirmarse la solución para salvar el abismo. Una solución que, como se verá, empieza en el reconocimiento de la imposibilidad de homogeneizar a los seres humanos que habitan en cada una de las orillas del abismo. Seguirán viviendo en ellas, pero, de tal reconocimiento, puede surgir las leyes de transformación que permitan el entendimiento, como ocurre o deberá ocurrir en algunos de los jorismós más peligrosos para la convivencia pacífica.

Este jorismós tiene en su contra un aspecto fundamental: la presencia de las emociones adheridas a las creencias. No es fácil cambiar de ideas, porque en ellas hemos puesto algo más que conocimiento. Hemos puesto nuestra "dignidad" y esto compromete cualquier proceso de cambio. Es una ética del honor, como aquella que provocaba un duelo a muerte por un simple desafío visual hace unos siglos.

Jorismós normativo

"Hay pocos seres en el mundo tan libertinos como el cardenal de..., cuyo nombre, teniendo en cuenta su todavía sana y vigorosa existencia, me permitiréis que calle. Su Eminencia tiene concertado un arreglo, en Roma, con una de esas mujeres cuya servicial profesión es la de proporcionar a los libertinos el material que necesitan como sustento de sus pasiones; todas las mañanas le lleva una muchachita de trece o catorce años..."

Este texto está tomado de un cuento del Marqués de Sade, el más célebre transgresor que haya dejado rastro de sus vicios reales o imaginarios. Fuera por que, como todavía ocurre, en su época los eclesiásticos fueran unos libertinos habituales, fuera porque no eran de su agrado, el caso es que nada establece mayor distancia entre el deber ser y la conducta que la acción de quien dice conocer y respetar la ley de Dios y se comporta de ese modo. Pero no era necesario acudir a Sade, pues todavía hemos comprobado el grado de lenidad con que algunos príncipes de la Iglesia católica han tratado el delito de pederastia en su propio seno. He aquí bien representada la perplejidad de todo aquel que comprueba como su voluntad se debilita ante el objeto de deseo hasta anular a aquella parte de sí que le reclama contención. Constatación que es seguida del regreso, tras haber satisfecho al deseo, de una eufórica razón que grita vanidosa: ¡Nunca más!

La libertad de cada hombre es el bracear dentro de la corriente general de la realidad como el electrón gira en el interior del átomo que no puede abandonar. Es una libertad rodeada de necesidad. Kant *resolvía* el enredo postulando la libertad de seguir las propias reglas autónomas, confiando en el sentido moral innato. La libertad del hombre es escoger lo bueno entre lo necesario que se le ofrece como posible, pero para eso hay que ser capaz de conocer lo necesario, los límites de lo posible. La libertad condicionada que disfrutamos es la fuente de la responsabilidad y de la más demente irresponsabilidad cuando alguien, en su locura, quiere abrir un agujero en el entramado de la realidad, que acabará sofocándolo por su imprudencia.

La libertad es una bifurcación de las vías que la memoria, los sentimientos y la razón ofrecen a la voluntad cuando es impelida a la acción. Una vez escogida la vía entre las alternativas, la cadena causal continúa con naturalidad, pues durante el proceso de deliberación interna no se ha interrumpido, dado que la propia deliberación es efecto de la causa previa y causa de la acción consiguiente. No hay misterio entre la causalidad física de la que nos servimos y la libertad de elección dentro del espectro de lo posible, según nuestra capacidad de representarnos esas posibilidades. La novedad respecto de un proceso mecánico o la acción de los animales es el aumento del número de grados de libertad para la decisión que nos proporciona lo que llamamos genéricamente inteligencia. Decisión que es resultado de la medición de las expectativas de cada alternativa con las unidades racionales y emotivas en una primera vuelta de la deliberación. Después, en una segunda vuelta, las opciones seleccionadas por la razón compiten con las seleccionada por las inclinaciones o pasiones hasta que uno de los bandos se impone. El ejercicio de la libertad es un proceso complejo lleno de rozamiento interno, pero la propia deliberación es un proceso que no rompe la cadena causal.

En este juego, las pasiones, que no son otra cosa que la promesa de repetición no bien mensurada de los placeres que van asociados a aquellas conductas útiles para la supervivencia, tienen voz. Una repetición que tiene grados que van desde el goce estético a la desmesura viciosa que destruye el cuerpo. Un dramatismo que se diferencia respecto del conocimiento por los sentidos del jorismós cognitivo en el efecto pernicioso sobre el cuerpo. Una diferencia que se fundamenta en nuestra experiencia de libertad, pues no habría dramatismo en ser conducidos por la naturaleza sin posibilidad de cambiar el rumbo de nuestras acciones. Como no lo hay en el cómo experimentamos la realidad con los sentidos. Ahí la naturaleza impone su ley y no es posible sentir como el planeta gira sobre sí mismo bajo nuestros pies. Sí lo hay, sin embargo, para beneficio de todos, en las elecciones que dan contenido al arte narrativo y poético, al poder elegir nuestra acción. Es, pues, la libertad el principal factor en juego en este jorismós.

Concebimos la libertad, en su forma más elemental, como una capacidad de elegir entre aquellas opciones que se presentan ante la conciencia. No hay pues libertad absoluta, pues, al menos tiene como límites los extremos del espectro de opciones que se presenta a su capacidad de elección. Pero, además, la propia elección está condicionada por criterios que pueden ser de interés, utilidad o morales. Los dos primeros no tienen interés aquí. Pero ¿a qué llamamos criterios morales? ¿de dónde surgen? Habría que decir, de entrada, que de la respuesta a esta pregunta extraeremos la naturaleza del jorismós ético, pues el abismo ético se establece entre el abandono a las sensaciones (como a los sentidos en el jorismós físico) y las reglas que *misteriosamente* influyen en nuestra conducta. Es el problema del deber ser y su procedencia, del propio ser o de un universo paralelo ideal. Es el mismo caso de la necesidad de contar con un principio como cimiento de cualquier desarrollo interpretativo posterior. Un principio de reposo, cuando el reposo no existe, pero puede ser percibido como movimiento compartido. Curiosa tregua la que nos da la realidad. ¿Qué hacer con el deber-ser? ¿Fundarlo en la naturaleza o buscarle un cielo protector? Empecemos por los valores ¿son objetivos y residen en las cosas o son arbitrarios y residen en los individuos? Respuesta rápida: son construcciones del encuentro de la especie humana con la realidad. Construcciones a las que los individuos les proporcionan variantes dentro de un espectro con límites relativamente claros. No están ni en las cosas ni en los individuos, son procesos de convergencia que han quedado cristalizados en la cultura y en su núcleo habitan los rasgos que los hacen apreciables por todas las generaciones. Aunque son suspendidos para su aplicación a aquellos que son excluidos del círculo trazado por el sujeto valorador. Eso explica todo un universo axiológico en una comunidad nacional que son suspendidos para una comunidad ajena que es objeto o sujeto de agresión. En su objetivación pasan a asimilarse a otros procesos semejantes, lo que les da el derecho a estar en le estrato de la realidad en el que las verdades matemáticas o lógicas habitan. Son, pues, determinados valores universales para la especie humana los que valora la propia especie humana a despecho de la cultura particular.

He aquí otra expresión de la tautológica estructura de la realidad desde que aparecen los entes y, con ellos, los observadores. La realidad *es*, por tanto, el deber-ser, sólo puede surgir o de un principio universal que está presente en todo ente o hay que resignarse a que cada estrato de la realidad construya su propio código de deberes según sus intereses vitales. Opto por el primer supuesto y ese principio no puede ser otro que el de permanencia actuando en el ser en medio del vértigo del proceso que cada ente es. Pero ese principio no implica el cómo ha de preservarse el ser de una especie en concreto, un contenido de la forma de ese principio que cada especie encuentra en un doloroso experimentar. En el caso de los estratos previos al ser humano, las experiencias quedan fijadas en instintos y, más atrás son directamente el cumplimiento de las leyes vigentes en la naturaleza. En el ser humano son los instintos y la razón de la especie la fuente heredada de conducta preservadora del ser. Por cierto, que Nietzsche interpreta a los instintos como fuerzas generadas por la cultura, cuando en realidad son depósitos genéticamente fijados de conductas que ayudaron a que el organismo aprobara la prueba de supervivencia. Otra cosa son los rasgos culturales de los seres humanos que transmitidos por educación y asociados a las emociones se constituyen en la base artificial (no genética) de valoraciones sociales cuyo fundamento puede ser demolido con una facilidad que no admite el instinto heredado genéticamente. Al fin y al cabo. la selección artificial como la practicada en la crianza animal aún no se aplica en nuestras sociedades.

Desde ese punto de vista, la razón está más cerca del instinto que del rasgo cultural. Otra cosa es que su despliegue como depósito de las estructuras formales de la realidad genere información, conceptos e ideas que perduran, al tiempo que crean la ilusión de un mundo platónico donde residen eternamente. En realidad, algunas ideas perduran en la medida en que reflejan la estructura de la realidad en los momentos previos en que la razón las encuentra. Pero no son eternas, porque hay leyes de los estratos de la realidad que no nacieron hasta que estos estratos surgieron y con ellos desaparecerán.

La razón por su parte genera la capacidad de elegir rutas causales que llamamos libertad. Esa libertad permite que el ser humano escoja, incluso conductas que exterminan el ser. Aunque es muy improbable tal desviación se dé en grupos grandes (Jonestown), por lo que, en general, estas desviaciones se dan en individuos atraídos por opciones patológicas (masoquismo) o vencidos por el sufrimiento. Sin olvidar que hay renuncias a la vida en beneficio de seres queridos e, incluso, de desconocidos a los que atribuimos algún tipo de vulnerabilidad.

Tradicionalmente se considera la Ética como la disciplina que se ocupa de lo normativo y el término "moral" se ocupa de designar al conjunto de reglas de conducta que condicionan a las distintas culturas. En nuestro caso, sin perjuicio del nombre de la disciplina, reservamos el término "ético" para las conductas individuales en el marco de códigos idiosincráticos resultado de la selección de reglas de conducta con las que cada individuo se siente identificado consciente o inconscientemente procedentes de los código moral o legal.

JORISMÓS ÉTICO

El jorismós ético se refiere a los abismos operantes en la conciencia individual, cuyos códigos de referencia son siempre una selección de los códigos morales compatibles con su naturaleza.

Las pasiones disputan las decisiones a la razón, entendida como soporte cognitivo de la moral, entendida, a su vez, como la cristalización del juicio que las pulsiones realizan. Lleva a cabo su lucha ofreciendo los beneficios de la prevalencia del interés económico —garantía de poder— o el goce de los sentidos de proximidad (gusto, olfato y tacto), más allá de los límites para los que éstos fueron seleccionados en la evolución. Así, el goce perjudicial por excesos en la comida o el sexo rompiendo reglas sociales y afectivas. Este conflicto, aunque tiene su expresión social y política, tiene como escenario al propio individuo.

Deber ser y pasiones son el alfa y el omega del jorismós ético (individual) que es resultado de la libertad. Un jorismós menor en sus formas más dramáticas, pues es la forma temporal que divide a los seres humanos por la influencia de doctrinas morales (sociales) oportunistas. La lucha de la conciencia por formas de ascetismo ha ido perdiendo fuerza hasta prácticamente desaparecer en su uso no patológico. Otra cosa son las adicciones que generan formas económicas monstruosas como la trata de personas o el tráfico de drogas.

La libertad nos permite escoger entre la ciencia o caer en la superstición; entre el arte bello y el kitsch o, como en este caso, entre las reglas que nos constriñen y las pasiones inofensivas o dañinas. Pero también es en el marco de la libertad en el que se manifiesta la eterna politicomaquia que nos enfrenta y nos enfrentará.

En el tramo que lleva desde el ser que fundamenta al deber ser se comprende que están ligados inconcusamente, pero en el tramo desde el deber ser al ser de nuestra conducta se interpone la libertad y, entonces el resultado puede ser cualquiera dentro del espectro de las posibles acciones de los seres humanos.

El jorismós ético tiene su origen en que, si hay una relación ineludible entre el ser y el deber ser ético, no la hay entre éste y nuestra conducta convirtiéndose en la razón de la tragedia y comedia de la historia. En efecto, el ser funda al deber ser, pero éste no fundamenta nuestra conducta, pues el deber está fijado, pero nuestra acción tiene límites y opciones que hacen el resultado concreto enigmático, aunque sea dentro de un rango. Pero entre ellos se puede elegir lo bueno, lo malo y lo indiferente empujados por el deber o atraídos por los intereses o las pasiones. La dignidad humana habita en la conexión entre el deber ser y la acción, orientando definitivamente las decisiones éticas hacia su respeto. La grieta se abre a manos de la libertad que hace posible volver la espalda a la dignidad humana —a la propia y a la ajena— y actuar de forma desconsiderada, si no violenta o fraudulenta, interpretada esa libertad desde el lado filaute o koinita —los dos polos morales y políticos.

Del deseo surgen las fuerzas que doblan el brazo de la razón. La razón está del lado del ser que genera el deber ser y las pasiones del lado del no ser cuando desbordan su origen natural reclamadas, no por la vida, sino por la repetición patológica de los placeres asociados. Pero también la razón puede ser enemiga de sí misma cuando se pone al servicio del interés de dominio y abandona el reino del deber como razón instrumental. Es, pues, necesario potenciar la razón deontológica, la orientada al deber depurado con el criterio de la armonía vital, que es la que mejor trata al ser humano integral. Pero no se puede hacer de forma dogmática como denuncian las actuales éticas discursivas, que reclaman la construcción de consensos entre lo que los interesados consideran su llamada al deber.

Como la conducta incorrecta tiene el mismo estatuto ontológico de incorregibilidad que la información que nos proporciona nuestros sentidos en el jorismós físico, es necesario imponerles la acción correcta a las desviaciones nocivas mediante la ley, al tiempo que se modera la coacción con normas morales extendidas racionalmente en la sociedad y normas éticas gestadas en el temperamento y en la educación para que cada individuo gestione su ser y genere su propio deber ser, en la convicción de que no podrá imponerlo en su totalidad, sino que deberá moderarlo en roce con el deber ser de sus congéneres. Porque si hay un deber ser fundamental entroncado profundamente en el ser, hay un deber ser ligero y casi frívolo resultado de las variantes biográficas posibles.

Estos jorismós transversales al jorismós moral entre el deber ser y el ser que propicia la libertad pueden ser tan potentes como el que se produce entre lo sensorial y lo racional para el individuo afectado. Pues la pasión, las creencias o la delincuencia coloca al sujeto en una posición desde la que se le ocultan las posibles consecuencias de sus inminentes actos, del mismo modo que los sentidos proporcionan una visión de los acontecimientos naturales que ocultan sus estructuras funcionales.

El jorismós ético se expresó abundantemente a lo largo de la historia —Ovidio en su *Arte de amar* dice *"veo lo que es mejor y lo apruebo, pero hago lo peor"*. También en la carta a los romanos se queja Pablo de Tarso unos años después de acabar haciendo el mal que aborrece, a pesar de ver con claridad el bien que puede hacer.

La postmodernidad decretó el final de los grandes relatos *que nunca habrían influido en la vida real de no ser por el uso de la violencia contra personas y bienes*. Siempre, ahora también, hubo una separación histórica entre el discurso oficial y las prácticas de la gente común. La postmodernidad ha tratado de acabar con el discurso oficial dejando mudos a los políticos y sin norte a sus políticas. La razón está en que nuestro siglo ha descubierto pragmáticamente que todo el edificio de la civilización está soportado por la libertad del ser humano, cuya extensión desde minorías aristocráticas a toda la población —para disgusto de la reacción elitista—, hace necesario nuevas técnicas de gestión de tan enorme bullicio deontológico. De momento, en vez de reforzar los criterios para la toma de decisiones, desde la política se estimula el lado débil de cada jorismós: el de la ignorancia y superstición en el jorismós físico, el del mal gusto en el arte y el de las pasiones egoístas en el ámbito moral y político.

Para que la libertad oriente hacia la verdad, lo bello y lo bueno requiere de referencias que llamamos valores. Afortunadamente, los seres humanos tienen la capacidad de crear valores para poder orientar su acción, sirviendo así a la naturaleza "a partir" de su aparición con toda la capacidad de transformación que poseen de la obra natural previa. Creación dada en el acto del conocer del individuo y depurada en las reflexiones sociales. Valores que unos afirman son características de la realidad como Scheler o Hartmann y otros los consideran resultado de la conveniencia para el ejercicio del poder en el desarrollo histórico, como afirma Nietzsche. Ambas posturas se concilian si consideramos que los criterios que fundan la acción humana están guiados por el influjo de valores objetivos. Objetividad que, a mi entender no reside en los entes, sino en el encuentro entre observador y la realidad que lo constituye y lo envuelve.

De Napoleón quedó ese cínico reconocimiento de que *"un solo cura le servía como diez gendarmes"*. Una constatación de que es más poderoso el mandato interno, autónomo que la coacción externa.

El conflicto entre lo que se debe hacer y lo que se hace alcanza, incluso, a los grandes teóricos de la ética. Así, dice Hartmann (1882-1950) al final del prólogo a la tercera edición de su Ética en 1949:

> *"En tales circunstancias, permito que la obra aparezca inalterada por tercera vez, cuanto más que la **agitación de la última década** no era favorable para una reelaboración".*

Qué extraordinaria contradicción que en el mismo texto de una ética figure una trivialización tan suprema del régimen nazi. Dado que considero en llamar ético al código de conducta individual, qué sorprendente resultado el de la aplicación de una mente brillante a su propia conducta. Seguramente que Hartmann, que vivió las dos grandes guerras del siglo XX, se habría hecho alguna reflexión sobre cómo reaccionar ante ellas. Pero ya se ve que él, como muchas de las grandes mentes de la época, mataron en su intimidad ética cualquier intento, aún formal, de oponer alguna resistencia. Son los casos, con mayor o menor gravedad, de Scheler (1874-1928), que mostró su posición favorable con la actuación del Káiser en la Gran Guerra y el caso más llamativo de Heidegger (1889-1976) con el nazismo. En la Francia post fascista Sartre prolongó más de lo prudente su connivencia con el estalinismo y, también en nuestros pagos, Ortega, Zubiri o Laín Entralgo (1908-2001) transigieron sin resistencia con el franquismo. Grandes mentes cuyos frutos intelectuales seguiremos disfrutando, pero que personalmente son arrollados por la crueldad de los "hombres de acción", las "bestias rubias" de Nietzsche. En este caso, se trataría de una cierta cobardía que lleva al intelectual a refugiarse en sus cavilaciones cerrando los ojos a la enorme injusticia de la guerra provocadas por egos hipertrofiados seguidos por gente fascinada por sentirse dominada. Es el jorismós ético: de una parte, la conciencia del bien y, de otra, el *tirón* de las pasiones con las malas acciones a que conduce un espíritu atormentado tratando de huir de la culpa o de la vergüenza. Este jorismós lo debería salvar el "deber" asistido de la libertad del ser humano, según la versión kantiana, pero el predecesor histórico que fue Aristóteles prefería observar el comportamiento de sus conciudadanos y establecer las virtudes que hacían posible la vida buena. Aunque los supongo a ambos conscientes de la dificultad de la tarea. El jorismós que describimos no es una ficción, sino una realidad palpable que debe ser cosido con estructuras éticas dinámicas a las que habrá que cambiar las pilas continuamente, pues no será eficaces dejadas a la pereza ética.

En resumen: hemos considerado la existencia de un jorismós normativo compuesto por el más profundo e irreversible que llamamos jorismós moral creado a partir de la división ontológica entre las pulsiones de la permanencia en el ser:

dominio y cooperación. Un jorismós que tiene plena expresión en la vida política. Y complementado por los jorismós ético y legal, que siguiendo la estructura del jorismós cognitivo como enfrentamiento entre sentidos y razón, oponen a pasiones, creencias y conductas sociales a la razón como reguladora. Todos estos enfrentamientos son transversales al jorismós moral, que divide radicalmente a los seres humanos en dos partes muy similares.

JORISMÓS MORAL

El jorismós moral afecta a toda la sociedad, que es dividida por las posiciones que llamamos egoístas (filautes) y cooperativas (koinitas). Cada facción experimenta como sentido moral la correspondiente tendencia a erigirse en defensor del individuo y odiante del colectivismo o a erigirse en defensor de la especie —entendida como grupo humano— y odiante del individualismo. Es decir, la conocida influencia de los códigos morales de la sociedad sobre los individuos es filtrada por la posición de cada individuo en la estructura del jorismós moral y sus implicaciones políticas.

El jorismós moral indica que el *hallazgo* de Nietzsche de que la moral se fundamenta en unos instintos no heredados generados por la crueldad de los promotores de una moral ascética, que odia al cuerpo y reprime sus pulsiones es una visión deformada de lo que realmente ocurre: que sólo una parte relativamente pequeña de los seres humanos se deja sugestionar por la doma del sacerdote, mientras que los demás atienden a la llamada de los verdaderos instintos (dominio, cooperación, goce de los sentidos, conocimiento, libertad...) cuyos conflictos protagoniza la historia. Los poderosos, incluso en las épocas de mayor influencia de la religión, torturaban y mataban sacerdotes que desafiaban sus pasiones (Enrique VIII) y el pueblo llano disfrutaba de los sentidos y algunos de ellos seguían sus instintos de cooperación organizando rebeliones o comerciando. La moral cristiana sólo tuvo éxito oficial porque su pretensión de ascetismo físico y moral entra en tan grave conflicto con la naturaleza humana que pronto se convirtió en una cáscara vacía. Otra cosa es que los poderosos crearan mecanismos de represión de sus adversarios *en nombre* de los más supersticiosos preceptos doctrinales de la religión. A lo que Nietzsche llama instintos habría que llamarlos proceso de adoctrinamiento que generaba fanatismo, como ahora ocurre con otras religiones del libro, pero que no produce efecto sobre los demás que consiguen ocuparse de la lucha auténtica: la que se libra entre los individualistas impulsados por la voluntad de dominio y los colectivistas impulsados por la voluntad de cooperación.

El impulso de dominio recluta a la mitad de la población, a unos como señores y al resto como sicarios convencidos. El impulso de cooperación recluta a la otra mitad como líderes y al resto como fuerza de choque. Este es el gran conflicto cósmico, que es moral en origen y político en su expresión social. Un conflicto con origen en el principio de permanencia en el ser, que da contenido al drama humano. Un conflicto que la religión utilizó para imponer, no tanto su moral, como su doctrina, que Marx confundió con la lucha de clases y que la Revolución Francesa inmortalizó como el primer gran triunfo de la posición cooperativa al tiempo que bautizó con los términos "derecha" e "izquierda", a ambos bandos. Denominaciones que tienen, en el ámbito ético y moral su expresión como egoísmo y altruismo. La Revolución Francesa no se hizo sólo contra la monarquía, sino contra la aristocracia, los sicarios y el resto de la población que prefería la luz reflejada del dominio de las élites a la luz directa de la cooperación. Por eso, la contrarrevolución no se hizo esperar, pues el instinto de dominio seguía vivo bajo el andamio de la guillotina. Un conflicto entre poderes en el que la religión y su moral sólo jugaba el papel de instrumento para el poder y de consuelo para aquella parte de la población que elije trascendencia en el gran jorismós estético. Nietzsche se sorprendería de ver como en nuestro tiempo la religión, despojada de su influencia política en Occidente, se refugia, paradójicamente, no en la aplicación de su moral, sino en el último reducto: la promesa de inmortalidad. El bando del dominio no renuncia del todo a la escasa influencia que la religión puede tener en las decisiones de los electores en las democracias, mientras que el resto de la población se ha librado de la influencia con una facilidad que no sería coherente con el carácter instintivo que

Nietzsche le da al adoctrinamiento moral. La razón estriba en que *la moral cristiana fue una pátina sobre una grieta profunda que sitúa el conflicto moral y político en otro ámbito.*

A Nietzsche debería haberle llamado la atención que la moral cristiana se profesara más entre las élites "nobles", los "señores", que entre los supuestos "esclavos". Una demostración de religiosidad interesada, porque se servían de ella por su influencia pacificadora, supuestamente, sobre la población. Los propios sacerdotes siempre estuvieron del lado de los "señores". Tampoco advirtió que la moral no cristiana, la socialista sí anidaba en prácticamente la mitad de la población, mientras que la otra mitad se alineaba con los señores constituyendo su fuerza de choque en los ejércitos y en todos aquellos que eran sensibles a los rasgos del dominio —la verdadera religión de los señores—: la patria como expresión máxima de la propiedad que todo dominio reclama. En definitiva, que bajo la pátina de la moral cristiana se libraba la verdadera batalla, la de la moral de dominio y la de la moral de la cooperación o compasión. Una lucha que debería ser desequilibrada porque hay menos "nobles" que "esclavos", pero que está equilibrada porque un número sustantivo de desposeídos se alinea con los valores "señoriales". Y no lo hace por miedo, sino por convicción procedente de su alineamiento esencial con la pulsión de dominio procedente del principio de permanencia en el ser.

El cristianismo que Nietzsche ataca de forma tan desaforada adolece de dos problemas: la fantasía de sus dogmas y el exceso de idealismo de sus reglas de acción. Ambas han servidos a los "señores" para ejercer su dominio. Primero, poniendo el énfasis en la teología de la revelación y despreciando el ejercicio de la compasión como deudora de ideologías comunistas, anarquistas o igualitarias, en definitiva. Todo ello con la complicidad de la jerarquía que siempre ha estado más cómoda en la disputa bizantina que en remangarse las sotanas. De ahí la hostilidad a la teología de la liberación y de ahí su pérdida de la compostura con el actual papa Francisco, al que literalmente insultan como si fuera un palafrenero del diablo. Es decir, la "gran política" que Nietzsche anunciaba en su Anticristo se está realizando, de hecho, a manos de sus "nobles" que, paradójicamente, acompañados de los sacerdotes han transvalorado todos los valores del cristianismo abandonándolos para que los recojan las ideologías de la parte del "rebaño" alineada con la pulsión cooperativa capaz de sentir compasión por sus semejantes. Si alguien ha sacado ventaja de las ideas ascéticas ha sido el partido del dominio, el de los "nobles" que lo utilizaron para justificar el sometimiento. La revolución anticristiana de Nietzsche ya estaba realizada en las políticas aristocráticas. La nobleza siempre ha sido nihilista.

Pero, volviendo a nuestra discusión, en general, las opciones a favor de la vida son las elecciones más probables. Entre ellas y, en primer lugar, el dominio y la cooperación, al servicio de las cuales aparece el gran jorismós moral. La libertad se ejerce en cada una de las orillas del abismo, siendo una la que Isaiah Berlin (1909-1997) llamó *negativa* y la otra la que llamó *positiva*. Ambos tipos de libertad se ejercen condicionadas previamente por la orilla del jorismós en la que su naturaleza sitúe al individuo concreto. Lo que, siendo la libertad el fundamento de la responsabilidad, pone de manifiesto que el jorismós ético tiene el efecto curioso de que ésta se experimenta y pesa sobre nuestras conciencias *en función de la orilla del jorismós a la que pertenezcamos*. De este modo es del mismo deber ser del que tenemos dos versiones, aunque, en los dos casos, encontramos que tienen una profunda relación con el ser, que no debe ser confundida con la llamada falacia naturalista. En efecto, en este defecto conceptual se considera que de cualquier constatación del ser se debe derivar un deber. Pero este error no implica que el deber ser no deriva del ser, pero, claro no de cualquier situación o acontecimiento descrito en una proposición, sino del ser originario de cualquier ente procedente del estrato más profundo de la realidad. Por ejemplo, considerar moralmente buena la esclavitud a partir de la certeza de que determinadas razas son inferiores es en el mejor de los casos un error que se corrige constatando que no hay tal inferioridad. Aunque la preferencia por un estado mental que llamamos moral, según el cual intuimos la maldad de la esclavitud, es una opción idealista en el sentido filosófico, pues la esclavitud es rechazada por aquellos que pertenecen a la opción koinita del jorismós moral, que experimentan una actitud de rechazo que proviene no de un origen espectral, sino de la más profunda naturaleza del que emite el juicio. Otro ejemplo es rechazar la homosexualidad porque es, supuestamente, antinatural. En definitiva, lo que *es* no implica que deba ser porque, si el actor del acontecimiento es la naturaleza inorgánica su pulsión combinatoria crea aleatoriamente, y si es el ser humano puede errar en su juicio por muchas razones. Pero si lo que *es* no implica que deba ser para todo lo que sucede es porque, sencillamente, el que juzga así lo considera; pero, aún así, no puede evitar, erróneamente o no, que su *elan* moral tenga origen en su propia naturaleza. Con lo que puede entenderse la relatividad de los juicios morales y, al tiempo, encontrar un fundamento para ellos en el principio universal de mantenimiento del ser. Una posición que puede hacernos creer que lo moral se desliza hacia lo útil, pues en la más depurada moralidad, la conducta estaría dirigida a la preservación de la especie y su progreso, pero en ese caso habría que hablar de dos tipos de utilidades: la referida a lo instrumental y la referida a lo vital. Pero para esta última ya tenemos un nombre: moralidad ¿para qué enredar más?

Ya en el libro *Metafísica Banal,* de la misma serie de éste, se daba esta misma versión del jorismós moral, lo que parece contradecir la versión clásica de la moralidad como recurso para contener las pasiones. Una posición coherente con la moral reinante que odiaba el cuerpo. Afortunadamente, los residuos de la moral del odio al cuerpo están a punto de desaparecer contando incluso con el apoyo de la orilla del jorismós moral más reticente a su abandono en forma de religión represora. Esta disipación de actitudes supuestamente morales se explica por la falta de fundamento natural de la moral religiosa de Occidente en lo relativo al trato al cuerpo. Otra cosa es lo relativo a los aspectos relacionados con la especie, algunos de los cuales, como la compasión son retenidos por los koinitas. Los filautes por su parte están más inclinados a los aspectos doctrinales, que son menos comprometedores para su pulsión de dominio. El jorismós moral es el fundamento del jorismós político, que no es otra cosa que la aplicación al gobierno de la sociedad de las posiciones morales, tanto en las costumbres, como en el decisivo reparto de la riqueza. Este jorismós es el que más presente tenemos en cuanto trascendemos nuestros propios problemas del jorismós ético.

El jorismós moral no agota el jorismós normativo. Pues en él seleccionan los individuos sus propios valores con los que configurar su propio jorismós ético como fisuras entre la razón y las pasiones o entre la conducta individual y su propio jorismós legal como fisuras entre su conducta y las leyes. Son separaciones entre posiciones individuales y aquellas regidas por la razón y la moral en el ámbito que se trate. Siguen el esquema del jorismós cognitivo. Es decir, del conflicto entre la *información* que te da el cuerpo como a priori o deber ser y la propia conducta atraída por el goce conocido en el uso de los sentidos o por el ejercicio del dominio. Un goce que estimula el deseo y confronta con el principio de permanencia en el ser. Un deseo que utiliza todo lo que está a su alcance para ser satisfecho. De alguna manera la historia lo es de esa lucha por satisfacer los deseos y las formas políticas o religiosas que ha tomado su represión como eje de su acción. Lentamente, la humanidad se ha ido librando de formas mixtificadas de moral y de su correspondiente reflejo en las leyes, para dejar el deber ser en los *huesos* de las prescripciones compatibles con la vida, dejando, tras una larga lucha, el resto de las opciones a la libertad individual.

JORISMÓS POLÍTICO

El jorismós moral afianzado en su roqueña realidad está en el origen del jorismós político. De hecho, es su versión política. Pues, al fin y al cabo, la política como capacidad social de organizar la vida para el bien común, es una disputa entre formas de conducta moral, por mucho que las conductas de los políticos concretos sean sospechosas de las más bajas pasiones. Incluso las políticas económicas, que parecen alejadas del ámbito moral, son las formas en que cada facción política propone el reparto de la riqueza o, en otros términos, de la pobreza. Un político dispuesto a dejar en la miseria a amplias capas de la población en base a un supuesto principio de competencia está haciendo una opción moral, por detrás del aspecto racional de sus políticas. Un político dispuesto a ir a una guerra ofensiva por la gloria de la patria está tomando una decisión moral que comportará la muerte de miles de individuos. Pero no se trata de mezclarlo todo, sino de ver el fundamento moral de la política y, después tratar el asunto en sus propios términos.

El jorismós político es muy especial, aunque sea prolongación aplicada del jorismós moral en términos de los sesgos morales ante los desafíos que la vida plantea a las personas e instituciones que tienen la misión de tomar decisiones como electores o como elegidos en las democracias. También se presenta latente en las dictaduras, aunque la crueldad de estos regímenes acalla las posiciones de los contrarios. Podemos añadir que, en los regímenes dictatoriales más fanáticos, que tienen la pretensión de exterminio de los que ven como sus enemigos se muestra la potencia de este jorismós, pues tras inmisericordes operaciones de exterminio, basta con una generación para que reaparezcan de nuevo las actitudes que creía haber eliminado. Véase recientemente el caso de Chile o Argentina. Qué decir del caso español, alemán o soviético. En unos casos con el regreso de los partidarios de la cooperación y, de otra, de los partidarios del dominio más salvaje.

Aunque hemos utilizado anteriormente las expresiones *filautes* y *koinitas* como portadores de los valores fundamentalmente de dominio y cooperación, es aquí en el jorismós político donde mejor sirven para denominar el eterno conflicto político.

En este jorismós se expresa con más violencia las diferencias entre la prevalencia de lo individual y lo grupal. Pulsiones que no parece que se den de forma uniforme en cada individuo, sino que se distribuye entre dos mitades aproximadas de individuos en cada sociedad en grados variables que van desde el fanatismo extremo a posturas tibias. Por tanto, con variantes de grado, hay individuos que experimentan el a priori de la defensa de la libertad de acción egoísta, que hemos llamamos filautes (φιλαυτία) e individuos que experimental el a priori de la defensa prioritaria de la comunidad, que hemos llamado koinitas (κοινὴ). Dos posiciones complementarias que se traducen en posiciones enfrentadas, una vez alcanzado el plano político, donde se expresan en las democracias modernas, habiendo tenido otras expresiones en otros tipos de sociedades y en otras épocas en formas que no vamos a analizar aquí. El ser de una opción u otra emerge como un deber ser que cada individuo experimenta transformado en una posición ideológica que permea sus razonamientos y que se expresa en la participación política partidista concreta que cada sociedad ofrece. Unas posiciones consecuencia de la lectura que el cuerpo hace de su propio posicionamiento ontológico.

En este caso, el jorismós principal se produce entre dos formas de ser y, por tanto, entre dos formas de deber ser, aunque también se da un jorismós secundario en cada a una de las posiciones, en base al esquema general de alejamiento del deber ser desinteresándose de la política y dedicándose a los negocios particulares. Lo que merece el reproche que Pericles hizo en su célebre discurso funerario tachándolo de idiotés (ιδιωτικές).

Veamos la expresión política de las posturas opuestas en el jorismós principal.

El koinita

"Todo individuo tiene derecho desde el nacimiento a desarrollar su proyecto vital contando con el apoyo social para educarse, mantenerse sano, tener trabajo, vivienda y una jubilación digna. Para ello el Estado deber recaudar tantos impuestos como sean necesarios para garantizar los derechos individuales y colectivos. Así mismo en el proyecto vital debe ser posible la libre elección de sexo, género y tipo de familia; libre aborto y libre eutanasia. La paz es un objetivo primordial y la democracia debe ser la forma irreversible del Estado. El concepto clave es la igualdad económica, que debe ser conseguida en la vida humana
". Dijo el diputado de izquierda.

El filautes.

"*Todo individuo debe buscarse su fortuna mediante el esfuerzo personal sin esperar que el Estado le ampare, con excepción del uso legítimo de la fuerza para defender el derecho a la propiedad privada y la integridad del territorio nacional. El Estado no cobrará impuestos nada más que con estos objetivos y el mantenimiento de un sistema judicial que garantice el respeto a los contratos libremente establecidos por las partes. Los individuos deben someter sus inclinaciones a la moral social respetuosa con el objetivo natural del sexo para la procreación de la especie. La guerra es una forma de consolidación de los intereses nacionales y la democracia es sólo una herramienta que debe ser suspendida cuando así lo exija el interés nacional. El concepto clave es la libertad económica y la compensación es cosa de Dios*" Dijo el diputado de derecha.

He aquí dos formas antagónicas de concebir la existencia individual y social, que nos sitúan ante un nuevo espejismo tan pertinaz como el engaño de los sentidos o la fuerza de las tentaciones:

el de nuestras certezas. Armados de ellas vivimos la experiencia social del mismo modo que con las apariencias físicas. Nos encontramos, de nuevo, ante una apariencia inevitable, si juzgamos ingenuamente nuestras propias creencias del mismo modo que miramos el paisaje.

No es fácil la argumentación cruzada, pues cada uno está en sus coordenadas y experimenta sus creencias como una verdad evidente. Postulo, como ya he dicho para las diferencias morales, que estas posiciones tienen origen en el reparto equitativo, entre los nacidos, de un impulso innato que, respectivamente, les orienta a favor del individuo (dominio) o a favor de la especie (cooperación). De estas remotas pulsiones sólidamente unidas a las emociones como indicadores de certeza, surgen todas las posiciones que adoptamos fundamentalmente en el ámbito de las actitudes políticas y morales. Todas ellas son configuradas conforme a las posiciones innatas correspondientes, que actúan como cristal de color que condiciona nuestra mirada. Naturalmente para ello se sirven de los recursos de racionalización de las posiciones. Tenemos así ante nosotros dos tipos de "deber ser" opuestos imponiendo a cada mitad de la sociedad, una conducta que, en contraste con el ámbito físico, ético y estético no deja apenas espacio a la libertad, pues cada grupo se siente, precisamente ya libre en su aceptación del deber ser que le ofrece el azar biológico. Una especie de epítome de la libertad condicionada por el ser en Kant.

Quizá porque no hay jorismós entre el deber ser y la conducta del militante de la individualidad o de la comunidad, la fractura se abre entre ellos. Lo que se traduce en auténtica repugnancia cuando se escuchan mutuamente. Una prueba de la profundidad de una división que moviliza las emociones con la misma potencia que lo hace una amenaza física o un alimento corrompido.

Estas posiciones se repiten indefectiblemente en todas las sociedades desde los orígenes y están en la base de los conflictos fundamentales en el seno de la sociedad, más allá y más acá de la formulación de izquierdas y derechas, resultado de la disposición en la Asamblea Francesa de las distintas facciones tras la Revolución de 1789.

	IZQUIERDA	DERECHA		
	COMUNITARIO	INDIVIDUAL		
AUTORITARIO	COMUNISMO	FASCISMO	CONSERVADOR	BELICISTA
DEMOCRÁTICO	SOCIALISMO	LIBERTARISMO	PROGRESISTA	PACIFISTA
	IDEALISTA	PRAGMÁTICO		
	TOLERANTE	PURITANO		
	INMANENTE	TRASCENDENTE		

Como muestra el esquema, en cada lado hay rasgos definitorios. Los de comunismo y fascismo son las formas autoritarias de cada parte. Los del socialismo y libertarismo son las formas democráticas correspondientes. Los rasgos de conservador-progresista, belicista-pacifista son intercambiables sin matices entre los dos bandos. Mientras que los rasgos de idealista-pragmático, tolerante-puritano, inmanente-trascendente son más frecuentes en el bando bajo el que se sitúan en la tabla, aunque también puede haber intercambios menos frecuentes, pero ciertos. Sin embargo, los rasgos de comunitario o individualista son inmutables. Se podrá aducir, en un sentido débil, que esta separación se debe a las formas políticas que se desarrollaron en el siglo XIX al identificar sujetos políticos y económicos como el "burgués" o el "proletario", pero lo que se postula es una interpretación fuerte, en el sentido de que esta separación existió siempre, pero tomó en ese siglo la forma que tiene todavía ahora, aunque hayan desaparecido o sólo quede la caricatura de los términos empleados entonces. Términos que se tomaron tan en serio que le costó a la humanidad décadas de sufrimiento infligido por las versiones más extremas de ambas posturas sin advertir que tanto en los regímenes comunistas de Rusia o China como en la patria del capitalismo moderno no había homogeneidad y la fractura estaba presente sin opción de expresarse bajo la crueldad extrema en sus versiones autoritarias. Aunque cabría decir que los jerarcas y sus sicarios militares y otros cómplices formaban la facción filaute.

Se quiere decir que siempre ha habido filautes y koinitas o individualistas y colectivistas. También podemos interpretar al filautes como un precursor de superhombre de Nietzsche y al koinita como un precursor del cristiano generador de la moral de los débiles que rechazaba Zaratustra. Sea como sea, estas dos figuras pueden ser identificadas en personajes opuestos como César

Augusto y Cicerón o Sócrates y Anito. Son los que apuestan por el riesgo de seguir sus impulsos o sus principios y los que anteponen lo común, bien o mal entendido. En términos más abstractos, pudo ser la oposición entre el cesarismo y el republicanismo romanos. El jorismós entre filautes y koinitas ha estado siempre presente, pero se ha manifestado en plenitud en las democracias modernas porque implican, precisamente, la agrupación respectiva en partidos políticos que traducen esos profundos sentimientos en acción práctica. Una característica de este jorismós es su universalidad en cuanto se observan grupos en número suficiente. Esta contumacia del fenómeno tiene el efecto de hacer estéril cualquier pretensión de exterminar las posiciones opuestas con el ataque físico a las personas que las sostienen. Un ejemplo de esa actitud es un mensaje electrónico difundido recientemente en España en el que se postulaba el fusilamiento de la mitad de la población. Una exageración que ejemplifica el prejuicio cognitivo de que "los otros" desaparecerán para siempre si no se deja a nadie vivo. Un espejismo que muestra su carácter una generación después cuando, del propio seno de la facción "exterminadora" surgen de nuevo los contrarios hasta volver a abrir el jorismós, el abismo político que lleva siglos manifestándose como irreductible.

Las posiciones dictatoriales son obras de teatro en la que una personalidad histriónica arrastra a los filautes o a los koinitas. Pero lo hará desde el fingimiento. El tirano de derechas fingirá ser religioso y el de izquierdas fingirá amar a las masas. Pero ambos tratarán de crear estirpe y exterminarán a quien les estorbe en sus propósitos. Es el ideal maquiavélico.

Las posiciones democráticas modernas tienen como fundamento la convicción expresa de que la posición contraria es respetable, pero no aceptable. Es decir, que se debe evitar su adopción a toda costa y empleando todos los medios pacíficos al alcance. Dado que el mecanismo para alcanzar el poder es la elección con los votos de los ciudadanos, se afinan las técnicas de seducción o, si es necesario, de engaño de los destinatarios de los mensajes propagandísticos, además de usar todas las formas posibles de desacreditación del contrario. Una curiosa pretensión que siempre da resultados muy parecidos en votos, aunque no en escaños por los mecanismos convencionales para evitar según qué problemas (escasa representación de minorías, etc.). Unas técnicas de lucha partidaria muy desarrolladas a la sombra de las dificultades de la verdad para abrirse paso, especialmente la episódica. Sin embargo, esta escisión fundamental entre posiciones políticas, que se expresa con distintos nombres (republicanos-demócratas o conservadores y laboristas), no sólo es respetable, sino que debe comprenderse que es una oposición necesaria que aporta al gobierno de los asuntos humanos la perspectiva complementaria a la propia, dado que la naturaleza "no ha sabido" dar con un ser humano equilibrado.

Como hemos dicho, además de la pareja de rasgos autoritario/democrático, son también intercambiables entre las dos visiones, y según las circunstancias, las parejas de rasgos conservador/progresista y belicista/pacifista. Sin embargo, las parejas de rasgos idealista/pragmático; tolerante/puritano e inmanente/trascendente se corresponden con la pareja izquierda/derecha aparentemente, pero la experiencia nos dirá si es así o no. Porque lo fundamental es, en un caso la defensa de los intereses del individuo, lo que supone igualdad ante la ley, respeto a la propiedad y libertad económica y social. Y, en el otro, la igualdad de oportunidades, eludiendo los privilegios, defendiendo los desfavorecidos para la dignidad de la vida y apostando por lo público. Formas de expresar los impulsos básicos derivados del impulso fundamental de "perseverancia en el ser". Un principio básico que reiteradamente he opuesto al de "voluntad de poder", tanto en su versión débil de ambición como en su versión fuerte de fundamento ontológico de toda realidad, que me parece de una gran relevancia, pero derivado del anterior. De algún modo el poder es una forma contundente de permanecer en el ser.

En el centro del cuadro de la imagen anterior, están las formas políticas que toman las dos visiones en sus versiones extremas y moderadas. Entiéndase el término socialismo como equivalente a socialdemocracia. En cuanto a la forma "libertarismo" se debe entender en el sentido de liberalismo económico, pues en el sentido que tuvo en origen, cuando fue acuñado en la constitución española de 1812, tenía como oponente el autoritarismo del rey Fernando VII. Sentido que después quedó asociado a la tolerancia en materia de usos y costumbres de la izquierda en países como España o los Estados Unidos, por lo que se acuñó el término "libertario" por parte de los filautes, al objeto de diferenciarse del sentido que tenía para sus oponentes koinitas. Sin embargo, en países como el Reino Unido el término liberal quedó asociado directamente a la libertad económica, perdiéndose prácticamente su sentido relacionado con las costumbres. Matices que llegan al extremo de que Friedrich Hayek (1899-1992), uno de los ideólogos principales del liberalismo económico, rechazara ser considerado un conservador, dado que pensaba que el liberalismo económico no debe tener obstáculo —ni siquiera la tradición— que les estorben a sus propósitos de cambio compulsivo. Hayek es, sin duda, un filautes ejemplar. Pero, es sabido que flaqueó en su liberalismo político cuando acepto como inevitable la dictadura de

Pinochet en 1973, concediendo así que también el capitalismo tenía su propia forma de "dictadura de proletariado". Es decir, su forma supuestamente transitoria desde un estado primitivo para la ideología postulada y el estado de madurez tras la correspondiente corrección de las conductas "desviadas".

Entre los pares de características que, tradicionalmente se consideraron mejor adheridas a la condición de individualista o comunitario, fueron los de conservador y progresista. Términos que nombraban en la derecha la defensa de las tradiciones sociales y en la izquierda la transgresión de estas tradiciones para imponer nuevas formas, entre las que la eutanasia o el matrimonio homosexual son paradigmáticas. Sin embargo, es interesante comprobar cómo las décadas de implantación y desarrollo del llamado Estado del Bienestar han creado unos servicios públicos en determinados países de tal extensión y calidad que obliga a que la izquierda comunitaria se vuelva "conservadora" para no perder estos beneficios y la derecha individualista se vuelva "progresista" para, olvidando las tradiciones de servicios públicos, privatizarlos para saquear el botín colectivo. También fue en Chile donde se hizo este experimento al privatizar las pensiones. Una operación de la que el dictador Pinochet, desconfiado él, eximió a los militares que siguieron teniendo garantizada su pensión por el estado.

Ya hemos insistido bastante en la idea de que este conflicto es ontológico, con fundamento en la realidad antropológica y, más allá en el ser mismo de la realidad pre-humana, no siendo resultado de intoxicaciones ideológicas alguna, sin perjuicio de los razonamientos justificadores a posteriori. Es el motor de la historia lubricado por las emociones asociadas al dominio o la derrota, al deseo de inmortalidad o a la aceptación de la inmanencia. Es una lucha entre el narcisismo y la entrega, el pragmatismo o el idealismo políticos, la tolerancia o la intransigencia y la prevención o la audacia. Un conflicto irresoluble y una prueba más de la pluralidad y discontinuidad intrínseca de la realidad tal y como nosotros la configuramos por nuestra presencia *real* en la realidad. Rasgo, éste el de la pluralidad, que se manifiesta tanto en el plano de los cuerpos y las radiaciones (plano físico), como en el plano emotivo e intelectivo, social y político, como mostró el irascible maestro Bueno.

La física calcula y predice con alta precisión, pero las ciencias del hombre sólo pueden contar con precisión el pasado, y si está debidamente documentado y, aún así, lo interpretará con su mejor intención desde el marco mental de los prejuicios —que diría Gadamer—, de la época desde la que se juzga. Cualquier intento de predicción del futuro está condenado al fracaso. Pero es fácil de imaginar que un electrón sociólogo tendría muchas dificultades para predecir los acontecimientos provocados por sus hermanos vibrando en la nube cuántica del átomo. Es una cuestión de distancia. El meteorólogo puede predecir ciertos comportamientos de masas nubosas, pero todavía no sabe que va a hacer esa nube concreta o en qué árbol caerá el rayo.

Filautes y koinitas se rechazan con la misma fuerza que aquella con la que el deseo sexual atrae a los cuerpos. Si la atracción sexual define la condición de mujer y de hombre, las fuerzas actuantes en el jorismós político están en la base de las confrontaciones sociales. La diferencia estriba en que, en el caso de la sexualidad, los polos se atraen y, en el caso de las visiones políticas, los polos se repelen.

Hay antecedentes del estudio de esta polaridad. Así, el economista Thomas Sowell (1930) plantea en su libro *Conflicto de Visiones* este enfrentamiento cuyo origen fija en lo que llama posición constreñida, que considera que la sociedad funciona mejor estableciendo previamente leyes y respetando contratos, mientras que la visión no constreñida prefiere legislar en función de los resultados de los procesos sociales y económicos para la gente. Posteriormente, según Pinker utilizó las expresiones "trágica" e "idealista". En todo caso no pretendió hacer metafísica buscando en los sótanos de la realidad, sino que se limitó a extraer reglas generales de las formas que históricamente ha tomado este conflicto. Desde luego estas posturas son características de las posiciones que llamamos de derechas e izquierdas respectivamente. Pero lo relevante es que, si entre lo que percibimos por nuestros sentidos y lo que la ciencia nos dice hay un abismo, también se reproduce una escisión igual de irreductible entre las creencias políticas y sociales de buena fe. Ya he dicho más arriba que el historiador de las ideas Isaiah Berlin concretaba este jorismós en dos de sus rasgos principales que él llamó libertad negativa y libertad positiva. La primera reclama "espacio" para la acción y la segunda reclama "recursos" para ejercerla. Unos rechazan la negativa como generadora de desigualdad e injusticia y los otros rechazan la positiva como generadora de parasitismo y ausencia de libertad individual. La libertad negativa es la del filautes, el individualista que no quiere obstáculos para desarrollar sus planes. En esencia, es la libertad del superhombre que levanta empresas y se siente orgulloso de sus logros. La libertad positiva sería, según Nietzsche, la que exige el débil, el esclavo, el que, una vez que ha fracasado su proyecto de vida, exige recursos de los filautes, vía impuestos, para vivir sin esfuerzo. Una versión caricaturesca, pues, a vista de dron, en toda sociedad, sólo unos pocos alcanzan la riqueza —Adam Smith (1723-1790) consideraba que lo habitual era la pobreza, siendo excepcional la riqueza—, por lo que es necesario establecer mecanismos de redistribución de ésta para que todos contribuyan a su generación y disfrute. Todo ello, al tiempo que se reconoce y premia la importancia de aquellos, que, como las turbinas de un avión, tiran del conjunto haciéndose merecedores de un premio mayor. Pero Berlin va más allá y, en una pirueta reflexiva, atribuye a la libertad positiva el riesgo de caer en manos de dictadores totalitarios por transformación de la libertad individual en sumisión colectivista. Evidentemente no conocía la facilidad con la que algunos liberales, los defensores de la libertad negativa, se dejan seducir por los dictadores de derechas. Aunque sí la facilidad con la que algunos socialistas se dejan seducir por la imposición violenta de sus propuestas como muestra el caso de Largo Caballero. Llega a esta conclusión partiendo, extrañamente, del concepto de autonomía que Kant pone en la cúspide de su sistema moral, pues tal autonomía se traslada a colectivos a los que el individuo se entrega renunciando a toda libertad. Creo que es un silogismo defectuoso y que en el futuro será refutado.

De todas formas, el carácter mutante de la realidad ya está mostrando los profundos cambios que la tecnología va a introducir en la generación de riqueza, mediante procesos automáticos, obligando a replantear los modos de distribución de ésta. Llegan tiempo muy interesantes al respecto. De momento, la tecnología está contribuyendo a una defectuosa forma para distribuir riqueza pues las plataformas de cobertura mundial están aumentando el número de ricos mientras precarizan a millones de trabajadores desplazados desde las automatizadas industrias a los rudimentarios servicios.

En todo caso, la novedad interesante sería que ambas visiones advirtieran que no es posible, ni cambiar las mentes mediante la educación para las opciones políticas, ni mediante el exterminio, pero que sí se puede hacer esta relación cooperativa y civilizada. Nuestra guerra civil es una muestra de libro de cómo este jorismós se puede convertir en un acontecimiento de muerte estéril y sufrimiento persistente para muchas generaciones después. Un acontecimiento en el que, al darle primacía a aquellos en los que es preponderante el impulso de dominio frente a su complementario el impulso de cooperación, la solución es siempre sangrienta e inoportunamente prolongada por abuso de la fuerza ejercida. Pero también ocurre con los que han liderado la opción cooperativa convirtiéndola en un infierno para todos. En estos casos de violencia roja o azul, los nobles de Nietzsche surgen en los dos bandos exigiendo el enfrentamiento a muerte. En cuanto uno de los dos bandos vence, la sociedad se organiza de nuevo, tras las apariencias de homogeneidad impuesta, en filautes y koinitas. Diríamos que los dictadores de derechas están "a la vista" y los de izquierdas van camuflados en el tumulto. En las fases violentas de los cambios sociales las dos facciones se transforman en filaute-koinita para poder organizar la lucha. Unos son los propulsores y otros cooperan sin rechistar ante las mayores atrocidades. Es una estructura efímera que se disuelve tras la victoria y, poco a poco, se separan con la recuperación del valor de lo reprimidos y la llegada de las nuevas generaciones.

Como hemos dicho, se puede comprobar la estabilidad de las posiciones en la proporción en que se distribuyen los votos en las elecciones suficientemente libres de las democracias modernas, cuando no se ven contaminadas por las muchas formas que las técnicas de campaña de los candidatos han desarrollado a partir del conocimiento de las formas de manipulación. Técnicas que a pesar de los recursos empleados tropiezan con la rigidez del jorismós político. Pero se debería comprender que, activadas simultáneamente, las dos posiciones, garantizan el impulso transformador que sólo la mente individual puede generar y la cooperación del conjunto social validar. Una forma inteligente de aprovechar el impulso individual para el bienestar social. Dos mecanismos para el progreso social que, en realidad, solo entran en conflicto precisamente en el momento de distribuir los resultados del éxito de la conjunción del genio individual y la cooperación social.

Del mismo modo que el juego sexual se verá afectados por la reproducción artificial, la aplicación de las visiones políticas se verá afectadas por la desaparición del trabajo tal y como lo hemos entendido hasta ahora. Probablemente su acción se traslade a las decisiones sobre el control y la distribución de los bienes producidos por la Big Factory, nombre que podría tener la gran máquina productiva que la inteligencia artificial alumbrará dentro de no mucho tiempo. Un sistema automatizado integral que suministrará lo necesario a toda la población, que no tendrá más límite que la capacidad del planeta para soportar la extracción de recursos y la contaminación correspondiente. Somos, de puro reales, una especie generadora de basura y, todavía, no está garantizado el éxito de la economía circular que la integre en las nuevas transformaciones.

El jorismós político es un ejemplo de cómo nuestros cuerpos con sus mentes seguirán viéndose afectados por estructuras profundas relacionadas con la supervivencia, cuyos efectos serán sublimados en las nuevas circunstancias provocadas por las novedades tecnológicas. Una sublimación que produce el efecto de hacernos creer que se tratan de mundos diferentes. El problema ya no será, probablemente, la necesidad, mitigada, sino la gestión de la libertad. El ser humano se verá afectado, seguramente, por necesidades que ahora están ensombrecidas por la perentoriedad de saciar el hambre o el vestido en amplias zonas del planeta y que saldrán a la luz ocupando el lugar vacío dejado por las necesidades tradicionales, a las que se adherirán emociones, deseos e impulsos para dotarla de todo el dramatismo que necesita nuestra especie para sentir la vida.

Es interesante considerar cómo nuestra especie complica la descripción de sus conflictos cuando los contempla como hechos mentales autónomos respecto de la naturaleza. Hubo un momento en que se pasó a la acción política con el establecimiento de grandes marcos ideológicos condicionantes de la acción humana. En esa fase los motores biológicos se transformaron, al ser filtrados por los condicionantes de carácter cultural, en invenciones pragmáticas de nuestra mente para interpretar cognitivamente o paliar la ansiedad de la vida misma. A lo largo de la historia han sido básicamente las siguiente:

- La religión
- Las ideologías políticas
- Las corrientes filosóficas

Todas ellas nacen para acabar con los conflictos, pero raramente lo consiguen, pues una vez cristalizadas en instituciones, generan mecanismo de defensa que las convierten, paradójicamente, en generadoras de conflictos a su vez. Todos los rasgos derivados de la acción de estas propuestas, positivos o negativos, heredado o adquiridos como especie en la fase biológica y cultural, nos constituyen hoy en día. Contando con los rasgos biológicos y toda esa experiencia cultural transmitida por la educación, cada individuo conforma su propio panel al pasarlos por el filtro ineludible ya mencionado de su posición como defensor estructural del individuo o como defensor, igualmente compulsivo, de la especie.

Abraham Tesser (1941) dijo que:

"Cuando se trata de actitudes que son hereditarias, las personas reaccionan de forma más rápida y emocional, tienen menos tendencia a cambiar de modo de

pensar y se sienten más atraídas hacia otras personas que tengan mentalidad parecida".

Las emociones son guías para nuestra acción. Si algo nos desagrada tenderemos a no hacerlo y si nos agrada a hacerlo. Nacieron para protegernos de los peligros vitales, pero parece inevitable que se adhieran a nuestras ideas dificultando su abandono e, incluso, poniendo a la razón a trabajar para reforzar el rechazo emotivo con argumentos *ad hoc*. Las emociones se disparan con la misma intensidad con independencia del marco moral de la sociedad en la que hayamos nacido y desarrollado, lo que facilitan la relatividad de las posiciones. Por eso, los habitantes de un "sistema" moral experimentarán las mismas emociones que los de otro "sistema" por diferentes que estos puedan resultar. Unos llorarán ante unos símbolos y otros por otros, unos encontrarán razonable la ablación y los otros se horrorizarán. Aquí, sí se da un verdadero relativismo moral que sólo puede resolver el principio antropófilo que la especie se da a sí misma para evitar el daño físico o psíquico a cualquier individuo expresado en las Declaración

Universal de los Derechos Humanos. Este principio consiste en el rechazo de cualquier norma ética, moral o legal que implique el sufrimiento físico y psíquico de un individuo. Principio que puede ser atacado con el argumento de que es contradicho por los sistemas punitivos legales, como la privación de libertad, pero es el que mejor puede moderar la relatividad de los usos sociales debido a la "neutralidad" de las emociones. Es un principio que salta por encima de la diversidad cultural cumpliendo todas las condiciones de universalidad kantiana. Un enfoque formal que, como dice Adela Cortina, debe ser atemperado por la "razón cordial" tras complejas deliberaciones de buena fe.

Hemos visto como los impulsos biológicos y sus efectos en forma de emociones y sentimientos se transfiguran por la capacidad de nuestra mente de generar actitudes individuales o posiciones sociales que son la fuente de todos los conflictos y las satisfacciones que nutren nuestras biografías y a las artes narrativas. Esta constatación ayuda a aceptar la idea de una naturaleza humana que no puede cambiarse arbitrariamente en sus fundamentos pero que no dejará de cambiar en su expresión individual y social tras los cambios impulsados por los avances en el conocimiento y su correlato la tecnología, con sus efectos de reforzamiento de poderes de dudosa positividad sobre los individuos y más allá de la benéfica curación física y psíquica de las enfermedades.

Precisamente la naturaleza humana es discutida o defendida de forma ambivalente según la posición en el jorismós moral y político. Así la izquierda acepta los condicionantes de la naturaleza en los relativo a la eutanasia o el matrimonio del mismo sexo y los rechaza en el caso de los transexuales y la aceptación de la elección de género. La derecha por su parte atribuye a la naturaleza las diferencias que pueden justificar las injusticias económicas, raciales o sobre la mujer, mientras que considera la homosexualidad una enfermedad curable. Esta ambivalencia es ideológica en superficie, pero es ontológica en sus fundamentos. Así la izquierda respeta a la especie (principio de igualdad) al respetar la elección de vida de todo individuo, mientras que la derecha respeta al individuo en la medida que tiene éxito económico y social, y rechaza la ayuda sin criterio a todos porque al hacerlo se viola el principio de desigualdad que la inspira.

El fundamento de las posturas es tan profundo que se experimenta repugnancia física ante las posiciones de los adversos, como ponen de manifiesto las redes sociales. El caso de la pena de muerte es especialmente explícito. La izquierda la rechaza porque le reconoce el derecho a la vida a cada individuo, mientras que la derecha la defiende porque reclama el trato desigual en el premio y en el castigo. Son dos evidencias opuestas sentidas con igual pasión por ambas visiones. Aunque quizá el caso más paradójico y enigmático sea el del aborto que la izquierda lo defiende en nombre de la mujer individual y la derecha lo rechaza en nombre de la preservación de la especie. Quizá hay una explicación más siniestra en ambas posturas. En un caso el desprecio a la vida individual del feto y en el otro la pérdida de masa trabajadora y el riesgo de temidas mezclas raciales.

No se puede evitar, se nace con tendencia a la defensa de todos o con tendencia a la defensa de cada uno. Dos posturas complementarias como muestran los procesos de éxito en la naturaleza que han llegado a constituir un complejo como el cuerpo humano, precisamente a base de la acción complementaria de los individuos y los grupos en cada fase de la evolución.

Es especialmente significativo el cómo afronta el sentido de la muerte (nada hay más natural) en cada una de las visiones. Coherentemente, los partidarios de la especie aceptan la muerte como el final del ciclo vital de un individuo y la pervivencia de aquella, mientras que los partidarios del individuo prefieren pensar que éste sobrevive trascendiendo la muerte. De nuevo la naturaleza es aceptada en sus términos o rechazada acogiéndose a un mito religioso y en ambos casos está actuando el principio de permanencia en el ser del individuo o de la especie.

Es oportuno mencionar la idea moderna de una naturaleza humana como la descrita en el modelo OCEAN popularizado por el psicólogo

Jordan Peterson (1962). OCEAN es un acrónimo construido a partir de los términos: **O**pen, **C**onsciousness, **E**xtrovert, **A**greeableness, **N**euroticism. Una versión en español del lado positivo de la taxonomía daría el acrónimo ARENA:

- **Apertura** (*inventivo / curioso*)
- **Responsabilidad** (*eficiente / organizado / consciente)*
- **Extraversión** (*pro-interacción / enérgico*)
- **Neuroticismo** (*sensible / nervioso*)
- **Agradabilidad** (*amigable / compasivo)*

Taxonomía de la caracterización de los individuos que conforman la enorme variedad observada en los comportamientos de los componentes de los dos grupos principales: los individualistas y los colectivistas. Es una especie de fisuración ortogonal de los dos grandes bloques. Cada individuo puede estar constituido por una combinación ARENA o de sus contrarios, pero la mitad de ellos se verá impulsado al darwinismo social y la otra mitad a la compasión social. Enfatizamos que, al igual que la visión intuitiva de la realidad y la científica son complementarias, las visiones políticas de izquierdas y derechas se necesitan mutuamente para el bienestar social. Sin embargo, ni en un caso ni en el otro, es posible desembarazarse de la mirada propia. Es necesaria la alternancia. Pero a la búsqueda de la solución de estos conflictos las sociedades han echado mano de las ficciones que estimulan tanto como consuelan.

El jorismós político es inalterable, pero eso no impide lazar puentes sobre el abismo. Ya hemos anticipado la inutilidad del exterminio del otro porque en del seno de los filautes y de los koinitas reside la semilla de sus contrarios que en poco tiempo vuelven a equilibrar la situación.

En efecto, en mi opinión, estas dos pulsiones (las de dominio y cooperación) cumplen una misión de cuyo resultado ha dependido hasta ahora, en el tramo de evolución de la realidad que conocemos, la generación de niveles de complejidad creciente que nos han traído hasta el propio cuerpo humano y sus funciones espirituales.

Es posible crear puentes para transitar de una orilla a otra, pero no eliminar la sima. Para ello se necesitan acciones para cerrar los orificios en la frontera en la que nuestra libertad se aleja tanto de la necesidad que se convierte en abandono indolente. Estas acciones son el contenido de la política que debe crear las condiciones para el progreso del conocimiento a pesar de la indolencia individual, del la justicia y la igualdad, a pesar de los egoísmos particulares, y de la salud y el buen orden estético a pesar de la desidia generalizada o el temor a afrontar la finitud.

Así, como anticipé en *Metafísica banal*[1], la pulsión de dominio ejercida por los filautes reúne personas para su explotación y la pulsión cooperativista ejercida por los koinitas los cohesiona. Cada uno de ellos persigue su propia preservación en el ser, pero la *astucia* de la realidad (hegeliana sugerencia) consigue que los reunidos por los filautes se articulen en individuos supra humanos por la acción de los koinitas. De esta forma se reproduce en

---

[1] Libro primero de la colección Filosofía Ingenua.

el ámbito humano el proceso que llevó, como antecedente más cercano, a la célula a convertirse en tejido o a la horda en sociedad humana. Las nuevas unidades se comportarán como los individuos del nivel de complejidad anterior, como se puede comprobar en las luchas entre naciones o, en niveles inferiores, entre agencias de seguridad o empresas. Instituciones en las que la eficacia es proporcional a la armonía entre la acción conjunta y la libertad individual, ya se trate de una familia o de una federación de estados.

Formas que se encadenan mientras, paradójicamente liberan a sus precedentes orgánicos. Instituciones, Estados y Unidades federadas que adquieren la escala que requieren los problemas humanos, que hace tiempo que dejaron el enfrentamiento entre vecinos para afrontar, nada menos, que la posibilidad de emigrar a otros planetas. De nuestra inteligencia y nuestra libertad depende el no quedarnos demasiado tiempo constituyendo instituciones estériles por la desproporción entre su capacidad política y económica y la complejidad de los desafíos.

La mejor lección que se puede sacar de estas ideas es la de que la lucha política no es una lucha de exterminio, sino de convergencia de posiciones irreductibles, pues sólo así se puede encontrar soluciones a los problemas que acechan por los dos factores de cambio más a la vista: el crecimiento de la población y las nuevas tecnologías. Convergencia que lleva a buscar la mejora del mundo, no en un utópico hallazgo del "hombre nuevo" de Marx o del "superhombre" de Nietzsche, sino en la mejora continua de instituciones supraindividuales que respete la libertad y dignidad individuales.

Jorismós estético

El ser humano no fue el primero en llegar a la realidad, de hecho, ha sido el último, pero la realidad no ha tomado conciencia de sí misma hasta su llegada. Me parecen estériles los juegos de algunos metafísicos modernos tratando de que se acepte que la realidad formalmente no existe sin observadores. Una postura que sólo se puede entender si se quiere decir que lo que no existió antes de la aparición del ser humano es el producto de la acción de la inteligencia humana sobre la realidad percibida. Lo contrario, es una opción escéptica sofisticada igual de inútil que aquella de Sexto Empírico (160-210) que resumiendo a Pirrón (360-270) sostenía que el conocimiento no era posible y, de serlo, no sería comunicable. Postura que llega hasta Hume (1711-1776) que creyó destruir el concepto categorial de causalidad mientras la ciencia de su tiempo ponía las bases de la experimentación que, causa a causa, la ha traído hasta la capacidad prometeica de transformar el mundo para bien o para mal. Bien es verdad que no sin considerar las incertidumbres asociadas que también ha aprendido a reducir a una escala que la coloca más allá de la utilidad. Me instalo en una forma de escepticismo *crédulo* que considera que el proceso de aprendizaje de las estructuras de la realidad es un proceso necesario para el logro de una intuición directa de la realidad construida paulatinamente por la razón para nuestros sentimientos de plenitud. Una intuición que convierte mágicamente a todos los esfuerzos cognitivos y morales en estéticos. Al cabo será la Gran Visión del Todo un hecho fundamentalmente estético por el que porfía el genio artístico y el misticismo impaciente.

Una vez que brotó en el planeta Tierra, el ser humano emerge equipado de un cerebro, constituido y desarrollado en la resolución de los problemas de la supervivencia, alimentado de contenidos por los sentidos y modulado por un paquete de emociones que actuaban como activadores de estados predispuestos a la defensa, al ataque o a la huida. Antes de plantearse si existía algo fuera de la mente o si, de existir, era posible acceder a su conocimiento, el ser humano afrontó los problemas directamente, pragmáticamente porque le iba la vida en ello. Toda su extraordinaria capacidad de acción y reflexión estaba dirigida al exterior hasta que unos diez mil años antes de nuestra era, el asentamiento agrícola creó una economía de escala que permitió la reflexión, la conversación frente a la hoguera o el ocio productivo de las clases más poderosas. Su primera preocupación a ras de suelo tuvo que ver con la administración de las cosas prácticas, lo que generó la escritura, la aritmética, la geometría y los códigos de conducta. Su segunda preocupación fueron los astros, el goce del espectáculo y el registro de sus pautas de cambio y estabilidad — luego llegaron los mitos paliativos y, finalmente, la razón ($\lambda \acute{o} \gamma o \varsigma$) contradiciendo al sentido común.

El ser humano transformó pronto los estímulos de los sentidos en goce estético y sensual. Así el sentido de la vista y el del oído que le permitían percibir el peligro a distancia, bien de día, bien de noche, se transformaron en fuente de placer estético con la arquitectura, la pintura y la música. El sentido del gusto, que le proporcionaban seguridad ante los peligros de alimentos corrompidos, se ha convertido en la gastronomía sofisticada y el sentido del olfato que lo preservaba de peligros en la oscuridad, ha reorientado su función hacia la perfumería que lo redimía del hedor propio de la ausencia de higiene y la podredumbre que presenta el final de los ciclos vitales. Finalmente, el sentido del tacto, que le permitía proteger su delicado organismo del exceso o el defecto de temperatura o presión y de estímulo placentero para el sexo, se convirtió en instrumento de caricia y placer al margen de la procreación. Había nacido la cultura. Pero la gran transformación fue la de convertirse en el gran relator para aliviar su miedo y para producir el placer intelectual que proporcionan la literatura y las artes escénicas. Arte en el que se sirve del lenguaje, ese dinámico (a su ritmo) captador de realidad que nombre directa o figuradamente cualquier realidad por evanescente que sea. Es el relato una reproducción externa, del yo biográfico del que nos habla Damasio (1944) que se constituye gracias a la memoria. La poesía es un caso especial que ayudó en tiempos sin escritura con los ritmos de sus versos, pero todavía hoy,

cuando la memoria se refuerza con poderosas herramientas, es el núcleo emotivo del ser humano y
sus destellos inteligentes en el uso de metáforas, la
mantiene como una estrella del goce estético por
su capacidad de producir placer sensual (fruición)
cuando es leída y, siempre, placer intelectual al
contemplar los nuevos mundos que abre. La poesía
está en el centro de la capacidad creativa humana.

Todos los rasgos culturales avanzan en
complejidad y riqueza, pero ninguno con más intensidad y resultados paliativos para la dureza de
la vida como la capacidad de inventar dioses pro-
tectores, cuya existencia dotaba de explicación al
misterio de la existencia sin necesidad de esfuerzo
cognitivo. Cuando aún no había descubierto que
podía utilizar su lógica basal, heredada para la
ciencia, la usó para dar coherencia a los relatos mí-
ticos. El arte del relato poético para mejor recor-
darlo evocaba un mundo anhelado en su perfección, complementario del mundo hiriente de las
aristas cotidiana y de la crueldad de los métodos
de resolución de los conflictos del poder. El mito
podía acompañar en cada alegría y en cada

desgracia. Pasaron eones antes de dar el salto siguiente: el del empleo de la inteligencia para explicar el mundo por sí mismo, más allá de la explicación por poderes de seres extra mundanos que son el sostén de la realidad, del premio y el castigo. Un relato el de la ciencia, que también tiene su consecuencia consoladora para aquellos que pueden mirar de frente la realidad y que consideran que el descanso del trajín de vivir sólo se encuentra en el corazón de los demás. He aquí el origen del arte narrativo como correlato de la narración que nos constituye con letras mágicas: adenina (A), timina (T), citosina (C) y guanina (G).

Me acojo a una unión entre el ser natural y el deber ser de la belleza. Quizá sea la unión más débil entre ser y deber ser en relación con el caso de la ciencia o, incluso, de la normatividad ética, moral o legal, pero postulo su existencia porque así se percibe con claridad el origen del problema en la combinación de biografía y libertad. Una combinación que permite la dispersión en el gusto, pero dentro de un rango universal basado en la aplicación del principio de permanencia en el ser.

La relación entre el ser natural y el deber ser de la belleza nace en la transformación en la mente de los impulsos del lado cóncavo de la "membrana" convirtiendo todo estímulo físico en un festival de colores, sonidos y sensaciones palatinas que hacen nuestra experiencia sensitiva tan atractiva y, al tiempo, abrumadora. De todo lo que se presenta en el lado cóncavo de la membrana tras la transformación de los impulsos puramente físicos, nos vemos impelidos a considerar unos agradables y otros desagradables. Su fundamento creo que está en la medida que estas visiones naturales evocan o no la salud que nos preserva en el ser. Rechazamos, en primera instancia, la suciedad, el desorden, los colores que deprimen y los sonidos que entristecen, pero la asunción de marcos filosóficos que permiten comprender toda la complejidad de la realidad invita a una segunda vuelta reflexiva sobre como extraer sofisticados placeres de la contemplación de la fealdad en contextos artísticos. Contextos que reclaman de nosotros la aceptación de criterios poco naturales, pero interesantes. Una segunda vuelta que permite entender nuestro mundano ser natural como generadores de basura o fealdad.

Una parte de las expresiones estéticas quedaron asociadas a nuestras emociones desde la infancia, y postulo que cuando emitimos un juicio de agrado ante algo que se nos presenta sin vínculo con nuestra biografía estamos atendiendo una llamada de nuestro ser natural compartido con el resto de la humanidad. Es decir, nuestros patrones estéticos son una mezcla de lo condicionado idiosincráticamente y lo que el ser natural inspira y se nos muestra como deber ser estético. Son formas, sonidos y colores que surgen de los más hondos impulsos de supervivencia del animal humano. Son el verde de la naturaleza, la feracidad de la selva, el rumor del agua recién deshelada o un simple árbol que cobija, la nobleza formal de los animales, la salud física de lo vivo en los cuerpos, los sonidos profundos que evocan lo irracional y entra en resonancia con nuestras entrañas, la suavidad de la brisa que nos habla de reconciliación con la vida, de la inteligencia de una mirada, de la belleza de la bondad en un rostro, de la representación de las grandes pasiones en los rostros humanos y en definitiva, del dinamismo latente en el movimiento capturado, de la ternura de los niños que nos atrapa como recuerdo y como promesa de continuidad del ciclo vital... fuentes de la universalidad de cierto arte que la unanimidad convierte en clásicos que corroboran el lazo con el que la naturaleza ofrece su ser en forma estética para que, al experimentarlo, se goce del reencuentro con lo que somos y lo que, en otro sentido, fuimos.

En contraste, la valoración de lo feo se compone de lo que nos repugna por nuestra biografía consciente o inconsciente y de lo que la naturaleza inspira al deber ser estético por estar asociado a lo venenoso, a lo corrupto y a lo descompuesto.

Hay, pues, contra otras opiniones, un deber ser estético que viene mezclado con emociones idiosincráticas que confunde al observador. Pero detrás de esa multiplicidad, subsiste una tendencia hacia el foco natural de lo que llamamos belleza que asociamos a la salud, como la fealdad a la enfermedad. El juicio estético, como el moral es un ejercicio complicado de inducción ética o estética que, como dijo Kant, está en búsqueda de su ley universal. Una ley que se podría enunciar diciendo que "*la belleza es la cara saludable de la vida*". Si Hume dijo que llamamos bello a lo que nos place, se puede añadir que nos place porque apela tautológicamente al eco de nuestro propio núcleo vital que constituye el deber ser estético.

Pues bien, respecto de ese deber ser, nuestra libertad y, también, nuestras cadenas nos desvían a conductas estéticas dudosas arrastrados por las emociones adheridas, los prejuicios y la falta de conocimientos sobre estos delicados estratos de nuestro ser. Y esa desviación de nuestro "deber" estético genera un jorismós estético secundario en uso de nuestra libertad ilustrada o ignorante. Es secundario porque el primario concierne a la respuesta total que nuestro ser da a la amenaza de la muerte. Se trata del jorismós espiritual el que se establece ante el pasmo de la visión estética holística de la naturaleza toda incluido el ser humano.

JORISMÓS ESPIRITUAL

El jorismós estético es transversal a otro más profundo y doloroso. Si consideramos estético a toda aquello que nos habla de la salud vital, qué aspecto más saludable del ser que contemplar, oír o acariciar el mundo todo como única realidad inmanente. Aquí se abre el más profundo jorismós, el espiritual, entre aquellos que necesitan interpretar el mundo de forma vicaria, como falso, como "valle de lágrimas" por el que transitar con prisa hacia un mundo trascendente, verdadero y eternamente gozoso y aquellos que miran de frente la verdad de una realidad autosuficiente para lo bueno y lo malo. Una realidad en la que el ser humano ha de construir pacientemente su propio hogar.

Este es un jorismós conmovedor que remueve todas nuestras emociones adheridas como la hiedra a la pared maestra construida por las religiones. ¿Debemos resignarnos a esta separación radical? ¿es irreversible como el jorismós cognitivo o cabe esperar que las evidencias científicas y una educación filosófica sea capaz de cerrar la grieta paulatinamente? Me temo que no es posible tal cierre. Que es este un jorismós nacido de la expansión patológica del deseo de ser antes, durante y después de la única vida de la que tenemos noticia. En todo caso, sólo hay una forma de conciliar el deseo irrefrenable de vivir y la aceptación de la inmanencia de todo: una utópica prolongación de los procesos biológicos que pretenden los jóvenes millonarios de Silicon Valley que, pasada la cuarentena, entran en crisis existencial. Una crisis que ellos tratan de resolver, no con una religión clásica o novedosa, sino con la renovación de los telómeros —los extremos de las cadenas del ADN.

En todo caso, es aquí dónde las religiones encuentran todavía su anacrónica fuente de correligionarios. El tiempo dirá. Entre tanto, el corazón humano tiene la oportunidad de encontrar reposo para la lucha existencial en profundizar en los caracteres del jorismós moral y político. Creando, así, las condiciones para reducir los aspectos trágicos de la vida a aquello que no esté en nuestra mano evitar. Y, en positivo, crear las condiciones para que, en la medida de lo posible, la vida esté proyectada hacia los desafíos que merecen la pena y enriquecida por la experiencia estética que, a lo largo de los siglos, tanta capacidad ha mostrado de conmoción con el arte bello o interesante, paliativo o provocador ante la, al menos hasta ahora, inevitable finitud.

Nada hay más estético que un estado espiritual que nos pone ante la emoción existencial de mayor voltaje: la muerte como horizonte. Esta es una frontera que divide a la humanidad ante el fenómeno de la vida propia. Mirar de cara a esa inevitabilidad requiere la fuerza de quien mira a la Gorgona a sabiendas de que va a quedar petrificado. Sólo hay una forma de repeler el hechizo: vivir pisando firmemente el vacío.

JORISMÓS SEXUAL

No habíamos mencionado hasta ahora al más evidente jorismós: el sexual. No es necesario ser un científico para apreciar la potencia de ese mandato de la naturaleza. Es quizá la más fuerte experiencia de entrega estética a la realidad. Ninguna otra experiencia puede competir en intensidad a la relación sexual, especialmente si va perfeccionada con el amor. Hasta el punto de que la psicología del siglo XX extrajo de la conducta sexual la mayor parte de la información con la que pretendía explicar, no sólo los casos patológicos de las neurosis y psicosis, sino también los traumas de la gente que podía ser considerada "normal".

Consideramos al sexo no reproductivo como una práctica estética. En pocas presencias sensoriales hay tanta intensidad como en el sexo, en el que se presenta la vida tal cual reclamando atención a todos los sentidos para gustar en todas las dimensiones el cuerpo de otro y recibiendo un embriagador placer al tiempo. Es una genuina experiencia estética y, como tal, dotada del jorismós que explica los conflictos que la atormentan.

Este jorismós es transversal a cualquier otro, hombres y mujeres tienen una perspectiva diferente del sexo con implicaciones en su conducta de difícil definición. Quizá por eso, durante tanto tiempo, tantos varones con influencia intelectual y política han errado en sus juicios sobre las mujeres. Así, Jantipa, la mujer de Sócrates, era supuestamente tan irascible que le hizo el favor a la filosofía de provocar el hecho de que Sócrates estuviera todo el día fuera de casa inventando conceptos. Porque, quizá fuera al revés, que Jantipa se enfadaba porque a Sócrates no le gustaba estar en su casa, lo que parece más probable. Sea como sea, el desprecio absoluto a la presencia de la mujer, en el arte, la filosofía o la ciencia y los intentos, más o menos pedantes de entender a las mujeres por parte de intelectuales de la talla de Aristóteles, Hegel, Nietzsche, Ortega y Gasset o Gregorio Marañón son bastante patéticos. Parece evidente que juzgaban, no a las mujeres, sino a los caracteres derivados de los roles sociales que les eran impuestos. Un corsé deformante a quienes tenían los mismos deseos que los hombres de participar en la vida social en el arte, la ciencia, la filosofía o la política. Basta comprobar como el genérico gramatical más sesgado para denominar a la totalidad de la humanidad ha sido el de "hombre". Por no pensar que, en realidad, los filósofos se referían efectivamente y con exclusividad a los varones, despreciando completamente a la mitad de la población que veían con un único destino: parir. Algo tan burdo con creer que el varón sólo tenía un destino: inseminar.

Pero, depurada la diferencia entre hombres y mujeres de todos los prejuicios que la evolución cultural convirtió en dogmas, queda, al menos los rasgos asociados a la función que cumplen sus cuerpos con sus mentes en el proceso reproductivo. Todo ello, sin dejar de considerar las posibilidades igualadoras de una futura práctica sexual sin efectos reproductivos por la generalización de la gestación sin cuerpo.

Quizá uno de los rasgos diferenciales más poderosos sea el de la contumacia del deseo sexual en los hombres hasta edades avanzadas como indicador del poderoso mensaje que la naturaleza deposita en su carga genética. Pulsión que no se ha moderado a pesar ser contradictoria con las necesidades sociales como la pretensión, permanentemente violada, de fidelidad en el matrimonio. Lo que contradice la pretensión de Nietzsche de que los instintos "culturales" modifiquen radicalmente la conducta. Una pulsión que llevó en el idioma español a crear la expresión "viejo verde", que, si originalmente aludía al vigor que algunos ancianos mostraban, ha quedado asociada a las conductas libidinosas de éstos en edades donde supuestamente se reposa del vértigo sexual.

Sin embargo, en las mujeres es más habitual que tras el climaterio muestren menos interés por el sexo como respuesta natural a la finalización de su periodo fértil. Los sexólogos se afanan en buscar soluciones a las dificultades fisiológicas asociadas a la menopausia para facilitar el coito como parte de las relaciones entre parejas. Pero, en todo caso, lo hacen contra la naturaleza de las cosas. Ya veremos si la ciencia es capaz de eliminar los efectos secundarios para la libido tras la finalización del período fértil de la mujer. Pero no parece descabellado considerar que la naturaleza se desentienda del placer de la mujer tras su período fértil.

En todo caso, la potencia de la llamada natural a la reproducción se expresa, en ellos, en la casi general y permanente disposición de los hombres a mantener relaciones sexuales o a pensar en ellas durante toda su vida, incluso más allá de la impotencia provocada por la edad. Esta llamada en la mujer parece expresarse en la persistencia en el deseo de mantener su capacidad de seducción no decayendo en sus hábitos de cuidado del propio aspecto. Parece claro que la mente olvida mucho más tarde el sexo que cuando lo hace su propio cuerpo. Lo que parece lógico, dada la intensidad y calidad del placer que proporciona.

La parte patológica de esta satisfactoria pulsión de los seres humanos se manifiesta cuando se traduce en molestias y asaltos estadísticamente abrumadores de los varones a las mujeres, tanto en los entornos familiares, como en el trabajo, la calle o los lugares de ocio. La lacra se ha ido desacreditando socialmente por la lucha permanente de las propias mujeres y a medida que han ido desapareciendo las diferencias de roles ya en la política (sufragio y participación), ya en el trabajo (cargos directivos) o en la distribución paritaria de las tareas físicas en el hogar.

Sin embargo, incluso en países con democracias acreditadas y sistemas judiciales no contaminados, la violencia contra la mujer sigue siendo una lacra enquistada. No es lo mismo un asesino en serie que una serie de asesinos. En el primer caso la solución es relativamente sencilla, pero en el caso de la violencia ejercida por un hombre contra su compañera en el propio hogar, la prevención es muy complicada. Todos los intentos legales y policiales no impiden todavía altas tasas de ataques criminales.

El carácter de estos asaltos es de complicada causalidad, pero el sentido de pérdida del dominio que algunos hombres experimentan como una mezcla de vergüenza social, pérdida de poder doméstico, pérdida de autoestima y, finalmente, pérdida de compañera sexual es un cóctel que lleva al homicidio demasiado a menudo. Pero las mujeres no mueren o son asaltadas solamente por sus compañeros en el hogar, sino también en el trabajo, o en circunstancias relacionadas con el entretenimiento y, lo que resulta más traumático psicológicamente, el asalto en el propio hogar por adultos de la familia.

El jorismós sexual es una paradoja porque el sexo es un mandato para la unión precisamente.

Pero la naturaleza, siempre tan derrochadora, no mide, ni puede hacerlo, las consecuencias sobre los cuerpos y las mentes de las víctimas. De hecho, para la naturaleza no son víctimas, sino instrumentos en un rito reproductivo. Afortunadamente la sociedad, aún habiendo necesitado miles de años, ha conseguido, al menos, quitarle el velo a esa ignominia. Por eso se conoce hoy el alcance del problema, a medida que las mujeres van contando sus experiencias de asaltos en su entorno familiar o laboral, es decir, aquellos lugares donde deberían estar seguras.

Pero la pulsión sexual del varón es tan insaciable que todavía la trata de mujeres para la prostitución alcanza cifras millonarias. Operaciones con sucursales en los países más avanzados a donde son trasladadas las mujeres para su explotación asegurada por la presión clientelar de miles de hombres anhelantes por mantener relaciones sexuales sean cuales sean las circunstancias que lo hacen posible. Es, precisamente, como ocurre con la droga, la incesante demanda lo que hace rentable el delito alentando a los más desalmados a conductas violentas contra la mujer.

Es esa situación constatada de continuo asalto a la mujer lo que justifica el concepto de jorismós sexual, pues no se da en el sentido contrario. La mujer no ejerce violencia simétrica contra el varón. El varón es llamado a un estado permanente de sexualidad libre que la civilización y su malestar (Freud) no ha conseguido eliminar, aunque la haya encauzado en la superficie. Este carácter pulsional y, por tanto, inextinguible y asimétrico crea un jorismós, un abismo, que requiere del hombre y de la mujer una inteligencia en sus relaciones que aún está por desarrollar.

Las leyes van adaptándose a la dura verdad desvelada, resolviendo y complicando las relaciones de buena fe. Es de esperar que sean los individuos los que se muestren capaces, bajo la protección de la ley, de gozar de la gloria de la sexualidad sin el infierno de la violencia. Toda una tarea para las próximas décadas, pues la fuerza del volcán sexual no va a remitir ni debe hacerlo sin modificar gravemente la naturaleza del ser humano. Por eso, ellos y ellas deben encontrar el modo, pareja a pareja, de realizar en este terreno el mismo milagro de sublimación que el ser humano ha sido capaz de hacer con el resto de los sentidos convirtiendo su origen funcional en fuente de goce y, más allá, en arte. No es fácil, porque en el pasado la solución era una ficción de matrimonio, mientras se usaba el prostíbulo como desahogo físico y, en el presente, parece haberse consolidado una solución basada en la ligereza de los lazos de pareja, cuando no en la soltería de varones satisfechos por sistemas informáticos que les facilitan las relaciones sexuales efímeras.

Entre tanto, corresponde a la ley la represión de estas conductas para evitar la vergüenza universal de la explotación de la mujer. Una situación que también tiene su reflejo en la pederastia que añade a la gravedad del asalto sexual la edad de las víctimas. Es especialmente grave que una institución como la Iglesia católica haya servido de refugio a quienes han dado salida a su pulsión sexual agrediendo a los niños y niñas a su cargo. Un delito que es, quien lo duda, de carácter individual, pero que se convierte en institucional cuando las jerarquías no son capaces de depurar con energía y prontitud estas prácticas, además de poner a los delincuentes en manos de la justicia. Ha sido quizá la gran decepción del siglo XX el descubrir este lado perverso de una institución dedicada a proclamar una de las ficciones más duraderas y acreditadas: la existencia de una vida espectral a la que sólo se podía acceder mediante una conducta intachable.

Epílogo

Este libro ha pretendido describir el panorama de una realidad fracturada por la aparición de entes en cualquier grado de complejidad. Allí donde la energía se confinaba dando lugar a la materia, surgían cisuras en la realidad. No podía ser menos en el más complejo de los entes conocidos: el ser humano. En él y sus circunstancias hemos reconocido tres grandes abismos (jorismós) insalvables hasta que tendamos puentes sobre ellos: el cognitivo entre los sentidos y la razón; el moral entre el individualismo y el altruismo (dominio versus cooperación). Un abismo éste que hace racimo —que llamamos normativo— con el ético y el legal entre el deber ser más prístino y nuestra conducta. Un jorismós moral que fundamenta el político como su aplicación a la vida pública. Y, por último, un abismo estético que se expresa, principalmente, como actitud de aceptación o rechazo de la finitud. Abismo que es cruzado por el que se establece entre mujeres y hombres por la ausencia de control de las pulsiones sexuales de éstos, convirtiendo el amor en agresión y muerte.

2 de enero de 1922

Bibliografía

Adorno, Theodor. *Terminología filosófica.* Madrid: Taurus, 1976.

Arendt, Hannah. *Conferencias sobre la filosofía política de Kant.* Barcelona: Paidós, 2012.

—. *La condición humana.* Barcelona: Paidós, 2009.

—. *La promesa de la política.* Barcelona: Paidós, 2008.

—. *La vida del espíritu.* Barcelona: Paidós, 2002.

—. *Los orígenes del totalitarismo.* Madrid: Alianza, 2002.

—. *Verdad y Mentira en la política.* Barcelona: Página Indómita, 2017.

Aristóteles. *Metafísica.* Madrid: Gredos , 1970.

—. *Moral a Nicómaco.* Madrid: Austral, 2002.

Bachelard, Gaston. *El racionalismo aplicado.* Buenos Aires: Paidós, 1978.

—. *La filosofía del no.* Buenos Aires: Amorrortu, 1973.

—. *La formación del espíritu científico.* Buenos Aires: Argos, 1974.

Berlin, Isaiah. *El fuste torcido de la humanidad.* Barcelona: Península, 1998.

Bloch, Ernst. *El principio esperanza.* Madrid: Trotta, 2004.

Bozal, Victoriano. *Historia de la ideas estéticas y de las teorías artísticas contemporáneas.* Madrid: Balsa de la Medusa, 1999.

Bueno, Gustavo. *Teoría del cierre categorial.* Oviedo: Pentalfa, 1993.

Castro, Ernesto. *Realismo poscontinental.* Madrid: Materia Oscura, 2020.

Conill, Jesús. *Ética hermenéutica.* Madrid: Tecnos, 2006.

—. *El poder de la mentira.* Madrid: Tecnos, 2007.

—. *Intimidad corporal y persona humana.* Madrid: Tecnos, 2019.

Cortina, Adela. *Ética.* Madrid: Akal, 2008.

—. *Nueroética y Neuropoíltica.* Madrid: Tecnos, 2018.

Damasio, Antonio. *Y el cerebro creó al hombre.* Barcelona: Destino, 2010.

Darwin, Charles. *La expresión de las emociones.* Abárzuza: LAETOLI, 2014.

Dawkins, Richard. *The God Delusion.* London: Black Swan, 2007.

Delanda, Manuel. *Intensive science and virtual philosophy.* London: Bloomsbury, 2011.

Deleuza, Gilles, y Félix Guattari. *Mil Mesetas.* Valencia: Pretextos, 2012.

Deleuze, Gilles. *Diferencia y Repetición.* Buenos Aires: Amorrortu, 2002.

—. *Lógica del sentido.* Barcelona : Paidós, 2005.

—. *Nietzsche y la filosofía.* Madrid: Anagram, 2008.

Descartes. *Discurso del método.* Madrid: Espasa-Calpe , 1975.

Duque, Félix. *Filosofía pra el fin de los tiempos.* Tres Cantos: Akal, 2000.

—. *Historia de la Filosofía Moderna. La era de la crítica.* Tres Cantos: Akal, 2018.

Dworkin, Ronald. *Taking Rights Seriously.* London: Bloomsbury, 1997.

Edelman, Gerald, y Giulio Tononi. *El univeros de la conciencia.* Madrid: Crítica-Drakontos, 2002.

Einstein, Albert, y Leopold Infeld. *La física aventura del pensamiento.* Buenos Aires: Losada, 1939.

Ferguson, Niall. *The Ascent of Money.* London: Penguin Books, 2009.

Ferrater Mora, José. *De la materia a la razón.* Madrid: Alianza, s.f.

Findlay, J.N. *Hegel. A Re-examination.* New York: Oxford University Press, 1958.

Foucault, Michel. *La arqueología del saber.* México: Siglos XXI, 1979.

—. *Las palabras y las cosas.* Barcelona: Siglo XXI, 1978.

Gadamer, Hans-Georg. *Acotaciones hermenéuticas.* Madrid: Trotta, 2002.

—. *Verdad y Método.* Salamanca: Sigueme, 1999.

Goleman, Daniel. *Inteligencia emocional.* Barcelona: Kairós, 1997.

Gombrich, Ernst. *Historia del arte.* Barcelona : Debate, 1997.

Habermas. *Teoría de la acción comunicativa.* Madrid: Taurus, 1987.

Hartmann, Nicolai. *Ontología.* México: Fondo de Cultura Económica, 1965.

Hattersley, Roy. *Choose Freedom.* London: Michael Joseph, 1987.

Hegel, G.W.F. *Fenomenología del Espíritu.* México: Fondo de Cultura Económica, 1978.

Heidegger, Martin. *Carta sobre el humanismo.* Madrid: Alianza, 2004.

—. *De la esencia de la Verdad.* Madrid: Herder, 2007.

—. *El concepto de tiempo.* Madrid: Trotta, 2011.

—. *Nietzsche.* Barcelona: Ariel filosofía, 2021.

—. *Ser y Tiempo* . Madrid: Trotta, 2003.

Hildebrand, Dietrich. *Ética.* Madrid: Encuentros, 1983.

Hobbes. *Leviatán.* Buenos Aires: Losada, 2003.

Horkheimer, Max, y Theodor Adorno. *Dialéctica de la Ilustración.* Madrid: Trotta, 2005.

Hume, David. *Tratado de la naturaleza humana.* Madrid: Editora Nacional, 1977.

Husserl, Edmund. *Renovación del hombre y de la cultura.* Barcelona: Anthropos, 2002.

Kahneman, Daniel. *Pensar rápido, pensar despacio.* Barcelona: Debate 2013, s.f.

Kant, Enmanuel. *Crítica de la razón práctica.* Buenos Aires: Losada, 1961.

—. *Crítica de la razón pura.* Buenos Aires: Losada, 1960.

Kant, Inmanuel. *Crítica del Juicio.* Madrid: Tecnos, 2011.

Kierkegaard, Sören. *La repetición.* Madrid: Alianza, 2009.

—. *Temor y temblor.* Madrid: Alianza, 2003.

Kojève, Alexandre. *Introducción a la lectura de Hegel.* Madrid: Trotta, 2013.

Kolakowski, Leszek. *Husserl y la búsqueda de la certeza.* Madrid: Alianza, 1977.

Levinas, Emmanuel. *Totalidad e Infinito.* Salamanca: Sígueme, 2020.

Lyotard, Jean François. *La posmodernidad.* Barcelona: Gedisa, 1986.

Maquiavelo, Nicolás. *El príncipe.* Madrid: Nueva, 2004.

Marcuse, Herbert. *El final de la utopía.* Barcelona : Ariel, 1981.

—. *El hombre unidimensional.* Barcelona: Seix-Barral, 1972.

—. *Eros y Civilización.* Barcelona: Ariel, 1981.

Marx, Karl. *El Capital.* Barcelona: Grijalbo, 1976.

—. *Manuscritos Economía y Filosofía.* Madrid: Alianza , 1979.

Mercier, Hugo, y Sperber Dan. *The Enigma of Reason.* Cambridge (Massachusetts): Harvard University Press, 2017.

Merleau-Ponty, Maurice. *Signos.* Barcelona: Seix-Barral, 1973.

Nicolás, Juan Antonio, y María José (editores) Frápolli. *Teorías de la verdad en el siglo XX*. Madrid: Tecnos, 1997.

Nietzsche, Friedich. *Fragmentos póstumos, Volumen iV (1885-1889)*. Madrid: Tecnos, 2016.

Nietzsche, Friedrich. *El libro del filósofo*. Madrid: Taurus, 1974.

—. *Fragmentos póstumos sobre política*. Madrid: Trotta, 2004.

Nozick, Robert. *Anarquía, Estado y Utopía*. Nueva York: INNISFREE, 2014.

Ortega y Gasset, José. *El hombre y la gente*. Madrid: Espasa-Calpe, 1972.

—. *El tema de nuestro tiempo*. 2006

—. *El tema de nuestro tiempo*. Madrid: Alianza, 2006.

—. *Estudios sobre el amor*. Madrid: Alianza, 1980.

—. *La rebelión de las masas*. Madrid: Alianza, 1979.

—. *¿Qué es filosofía?* Madrid: Alianza.1981

Padua, Marsilio de. *El defensor de la paz*. Madrid: Tecnos, 1989.

Penrose, Roger. *El camino de la realidad.* Barcelona: Debate, 2006.

Pettit, Philip. *Republicanismo.* Barcelona: Paidós, 1999.

PIketty, Thomas. *El capital en el siglo XXI.* Barcelona: RBA, 2015.

Pinker, Steven. *La tabla rasa.* Barcelona: Paidós, 2003.

Platón. *Diálogos.* Madrid: Gredos, 1999.

Polanyi, Karl. *La gran transformación.* Barcelona: Virus, 1989.

Pontón, Gonzalo. *La lucha por la desigualdad.* Barcelona : Pasado&Presente, 2018.

Porpper, Karl. *El mundo de Parménides.* Barcelona : Paidós, 1999.

Rorty, Richard. *Objetividad, relativismo y verdad.* Barcelona : Paidós, 1996.

Rousseau, Jean Jacques. *El contrato social.* Madrid: M.E. Editores, 1995.

Sánchez Meca, Diego. *Sabiduría para pasado mañana.* Madrid: Tecnos, 2009.

—. *El itinerario intelectual de Nietzsche.* Madrid: Tecnos, 2018.

Safranski, Rüdiger. *Martin Heidegger y su tiempo.* Barcelona: Tusquet, 2000.

Safranski, Rodiger. *Nietzsche, biografía de su pensamiento.* Barcelona: Tusquet Editores, 2004.

Sartre, Jean Paul. *Bosquejo de una teoría de las emociones.* Madrid: Alianza, 1973.

Scheler, Max. *Ética.* Madrid: Caparrós editores, 2001.

—. *El puesto del hombre en el cosmos.* Madrid : Guillermo Escolar, 2019.

Schumpeter, Joseph Alois. *Capitalismo, socialismo y democracia.* Barcelona: Página Indómita, 2015.

Shiner, Larry. *La invención del arte.* Barcelona: Paidós, 2004.

Spinoza, Baruch. *Ética.* México: Porrúa, 1977.

Stiglitz, Joseph. *El malestar en la globalización.* Madrid: Taurus, 2002.

Suárez, Francisco. *Disputaciones metafísicas*. Madrid: Tecnos, 2011.

Tatarkiewicz, Wladystaw. *Historia de seis ideas*. Madrid: Tecnos-Alianza, 1997.

Taylor, Charles. *Fuentes del yo*. Barcelona: Paidós, 1996.

Todorov, Tzvetan. *El miedo a los bárbaros*. Barcelona: Galaxia Gutemberg, 2004.

—. *Los abusos de la memoria*. Barcelona: Paidós, 2017.

Unamuno, Miguel de. *Del sentimiento trágico de la vida*. Madrid: Espasa-Calpe, 1994.

Valdés, Luis (compilador). *La búsqueda del significado*. Madrid: Tecnos, 2005s.

Weber, Max. *La ética protestante y el espíritu del capitalismo*. Barcelona: Península, 1977.

Wittgenstein, Ludwig. *Investigaciones filosóficas*. México: Universidad Autónoma de México, 2003.

—. *Tractatus Logico-Philosophicus*. Madrid: Alianza, 1979.

Zubiri, Xavier. *Inteligencia sentiente.* Madrid: Alianza, 2007.

—. *Naturaleza, Historia, Dios.* Madrid: Alianza, 2014.

—. *Sobre la esencia.* Madrid: Sociedad de Estudios y Publicaciones , 1963.

—. *Sobre la realidad.* Madrid: Alianza, s.f.

Libros electrónicos

Álvaro, Eusebio Sánchez. Los ingredientes secretos: Materia oscura, energía oscura y las nuevas ideas sobre el universo (Spanish Edition) . Cultiva Libros. Edición de Kindle

Bailly, Lionel. Lacan (Beginner's Guides). Oneworld Publications. Edición de Kindle.

Bauman, Zygmunt. Modernidad líquida (Spanish Edition). Fondo de Cultura Económica. Edición de Kindle.

Bergson, Henri. Historia de la idea del tiempo (Spanish Edition). Grupo Planeta - México. Edición de Kindle.

Braidotti, Rosi. El conocimiento posthumano (CLA-DE-MA / Filosofía nº 302680) (Spanish Edition). Gedisa Editorial. Edición de Kindle.

Churchland, Patricia S. El cerebro moral (Spanish Edition). Grupo Planeta. Edición de Kindle.

Cortina, Adela. Las raíces éticas de la democracia (Spanish Edition). U. Valencia. Edición de Kindle.

Darwin, Charles. El origen del hombre: la selección natural y la sexual (Spanish Edition). textos.info. Edición de Kindle.

Dawkins, Richard. The Magic of Reality: How We Know What's Really True. Free Press. Edición de Kindle.

Dennett, Daniel C. Freedom Evolves. Penguin Books Ltd. Edición de Kindle.

Dennett, Daniel C. From Bacteria to Bach and Back: The Evolution of Minds. Penguin Books Ltd. Edición de Kindle.

Descartes, René. Discurso del Método / Meditaciones metafísicas . Grupo Planeta. Edición de Kindle.

Doré, Gustave. Hechos de los Apóstoles (ilustrados) (Spanish Edition) . KDP. Edición de Kindle.

Escohotado, Antonio. Caos y Orden (2017 nº 10) (Spanish Edition) . La Emboscadura. Edición de Kindle.

Hartmann, Nicolai. Ética (Ensayo nº 435) (Spanish Edition). Ediciones Encuentro. Edición de Kindle.

Kant, I. La paz perpetua (Spanish Edition) . Edición de Kindle.

Kant, Immanuel. Fundamentación de la Metafísica de las Costumbres: Nueva Versión - Amazon Books (Spanish Edition). Edición de Kindle.

Lasch, Christopher. The Revolt of the Elites and the Betrayal of Democracy. W. W. Norton & Company. Edición de Kindle.

Laval, Christian; Dardot, Pierre. Común: Ensayo sobre la revolución en el siglo XXI (360° / Claves Contemporáneas nº 891029) (Spanish Edition) . Gedisa Editorial. Edición de Kindle.

Le Bon, Gustave. Psicologia de las masas (Spanish Edition). Crotoxina Ediciones. Edición de Kindle.

McNabb, Darin. Hombre, signo y cosmos. La filosofía de Charles S. Peirce (Filosofía / Philosophy) (Spanish Edition). Fondo de Cultura Económica. Edición de Kindle.

Meillassoux, Quentin. After Finitude. Bloomsbury Publishing. Edición de Kindle.

Nuevo Testamento (Spanish Edition). EUNSA. Edición de Kindle.

Penrose, Roger. Ciclos del tiempo (Spanish Edition) . Penguin Random House Grupo Editorial España. Edición de Kindle.

Penrose, Roger. El camino a la realidad: Una guía completa de las Leyes del Universo (Spanish Edition). Penguin Random House Grupo Editorial España. Edición de Kindle.

Piketty, Thomas. Capital e ideología (Spanish Edition) . Grupo Planeta. Edición de Kindle.

Pinker, Steven. Enlightenment Now: The Case for Reason, Science, Humanism, and Progress. Penguin Publishing Group. Edición de Kindle.

Scruton, Roger. How to be a conservative. Bloomsbury Publishing. Edición de Kindle.

Scruton, Roger. On Human Nature. Princeton University Press. Edición de Kindle.

Sowell, Thomas. A Conflict of Visions: Ideological Origins of Political Struggles. Basic Books. Edición de Kindle.

Weinberg, Steven. Explicar el Mundo (Spanish Edition). Penguin Random House Grupo Editorial España. Edición de Kindle.

Printed in Great Britain
by Amazon

76700305R00132